Boost Poverty Crucial
Insurance on the Road

助推脱贫攻坚
保险在路上

| 本书编委会 ◎ 编 |

中国金融出版社

责任编辑：张清民
责任校对：张志文
责任印制：陈晓川

图书在版编目（CIP）数据

助推脱贫攻坚　保险在路上（Zhutui Tuopin Gongjian Baoxian Zailushang）/《助推脱贫攻坚　保险在路上》编委会编．—北京：中国金融出版社，2018.8
ISBN 978-7-5049-9528-5

Ⅰ.①助…　Ⅱ.①扶…　Ⅲ.①扶贫—工作概况—中国　Ⅳ.①F126

中国版本图书馆CIP数据核字（2018）第068822号

出版
发行　中国金融出版社
社址　北京市丰台区益泽路2号
市场开发部　（010）63266347，63805472，63439533（传真）
网上书店　http://www.chinafph.com
　　　　　（010）63286832，63365686（传真）
读者服务部　（010）66070833，62568380
邮编　100071
经销　新华书店
印刷　北京侨友印刷有限公司
尺寸　169毫米×239毫米
印张　10.25
字数　124千
版次　2018年8月第1版
印次　2018年8月第1次印刷
定价　60.00元
ISBN 978-7-5049-9528-5
如出现印装错误本社负责调换　联系电话（010）63263947

编委会

主　　编　李俊岭

副 主 编　李　画　郭永刚　张春生

编写人员　张　爽　史方舟　祖兆林　姚　慧　吕　林
　　　　　　李敬伟　刘书勇　朱艳霞　李梦溪　康　民
　　　　　　谢殊青　赵广道　梁罗荣　叶珏珑

序

2018年初,我们计划将近两年来发表在《中国保险报》上的有关中国人民保险公司的扶贫报道结集出版,以记录公司在全国各地扶贫工作中的兢兢业业、主动创新和积极探索。我认为,这既有助于我们总结以往扶贫工作的经验,也有助于我们明确今后扶贫攻坚的目标和任务,同时又能展现人保人在扶贫事业中的正能量,是一件十分有意义而且一举多得的事。

2015年11月27日至28日,中共中央扶贫开发工作会议在北京召开。中共中央总书记、国家主席习近平强调,立下愚公移山志,咬定目标、苦干实干,坚决打赢脱贫攻坚战,确保到2020年所有贫困地区和贫困人口一道迈入全面小康社会。

两年来,保险业将助推脱贫攻坚作为工作的重中之重,采取切实措施,扎实推进,贫困地区的保险深度和保险密度稳步提高,保险覆盖面和保障能力不断增强。在此过程中,保险业已经初步建立起3套功能作用协同配合的保险扶贫体系:一是以农业保险、大病保险为核心的保险扶贫保障体系;二是以小额贷款保证保险、农业保险保单质押为核心的保险扶贫增信体系;三是以保险资金支农融资和直接投资为核心的保险扶贫投资体系。身为其中的参与者,我们深感自豪!

从打赢脱贫攻坚战的号角吹响伊始,人保财险即积极响应党中央、国务院的战略部署,全面贯彻落实原保监会与国务院扶贫办印发的《关于做好保险业助推脱贫攻坚工作的意见》，在集团公司的指导下，以"人民保险服务人民"的政治责任感和使命感，充分发挥公司作为国有大型保险骨干企业的行业引领地位，坚定地扛起保险助推脱贫攻坚这项光荣任务。

十年来，人保财险已在内地所有省（自治区、直辖市）开办农业保险业务。特别是在西藏、青海、宁夏等西部连片贫困地区以及江西、福建等革命老区，人保财险都是当地发展农险的独家承保公司或最主要承保公司。

2007—2017年，人保财险的农业保险累计提供风险保障7.05万亿元，累计参保农户11.45亿户次。2017年承保农作物面积6.7亿亩，其中承保水稻、小麦和玉米三大主粮作物面积分别为1.79亿亩、0.87亿亩和1.46亿亩，分别占三大主粮作物播种面积的39.8%、23.3%和28.8%；承保生猪及能繁母猪1.3亿头，约占我国生猪饲养量的26%；承保森林面积10.5亿亩，约占我国森林面积的33.27%。公司还组建了一支38万人的农村保险服务队伍，真正实现了"网点连成片、服务面对面"。

人保财险系统上下共同努力，初步打造了全方位、立体式的保险扶贫体系。我们将之概括为24个字：党建引领、组织健全、保险保障、支农融资、专项支持、示范带动。与此同时，人保财险还在各地推出了"八大保"扶贫模式，包括"政融保""扶贫保""特惠保""惠农保""精准脱贫保""黔惠保""助农保""扶贫惠民保"等。

习近平总书记在党的十九大报告中强调，打赢脱贫攻坚战，要重点攻克深度贫困地区脱贫任务。这是党中央根据当前脱贫攻坚形势和全面建成小康社会目标要求，作出的一项重大决策。

根据这一决策部署，人保财险研究确定了下一步助推脱贫攻坚的工作思路：牢固树立创新、协调、绿色、开放和共享的发展理念，精准对接脱贫攻坚重点人群和重点任务，构建保险扶贫、公益扶贫、定点扶贫相结合的助推扶贫攻坚体制机制。到 2020 年，力争实现：全面复制推广"财政扶持撬动＋保险融资带动＋保险保障全面"的普惠金融发展模式，实现贫困地区保险服务到村到户、贫困人口"愿保尽保"，确保保险渗透率和服务覆盖面处于行业领先水平，贫困人口生产生活得到现代保险全方位保障。

但愿苍生俱保暖，不辞辛苦出山林。人保财险将一如既往地全情投入保险扶贫事业，为打赢脱贫攻坚战贡献力量。

中国人民财产保险股份有限公司党委书记、总裁

目　录

第一部分　农险扶贫 　　　　　　　　　　　　　　1

河北省阜平县保险扶贫系列调查之一
"枣"想和你在一起　　　　　　　　　　　　　　2
河北省阜平县保险扶贫系列调查之二
保险真的给赔了　　　　　　　　　　　　　　　　6
河北省阜平县保险扶贫系列调查之三
保险扶贫：兜底与撬动　　　　　　　　　　　　　10
锡盟草原上的约定　　　　　　　　　　　　　　　13
经营"人民保险" 不能只念生意经　　　　　　　　16
贵州贫困户：今年多了三份收入　　　　　　　　　20
橡胶树保险"三步曲"　　　　　　　　　　　　　23
"金山银山"的保障伞　　　　　　　　　　　　　28

第二部分　产业扶贫 ……………………………………… 35

　　我和保险结下不解之缘 …………………………………… 36
　　给大樱桃撑起遮雨伞 ……………………………………… 39
　　有了"螃蟹险"，大风大雨都不怕 ……………………… 42
　　好项目刨了贫穷的根 ……………………………………… 45
　　多亏了"农保贷"，不然我早破产了 …………………… 49
　　一个保险引来"八方诸侯" ……………………………… 52
　　"仓单质押"化解水产养殖资金周转难题 ……………… 56
　　有了扶贫保，养羊实现零风险 …………………………… 60

第三部分　补位扶贫 ……………………………………… 67

　　安徽人保财险：为精准扶贫提供一揽子服务 …………… 68
　　幸亏有了这些救命钱 ……………………………………… 71
　　这个保险就像我的孩子 …………………………………… 76
　　记者手记：失独不失爱 …………………………………… 79
　　河南人保健康打造"特惠制"大病补充医保 …………… 81
　　民生保险惠民生 …………………………………………… 86
　　真心感谢大病保险 ………………………………………… 90

第四部分　扶贫人物 ……………………………………… 97

　　"三张牌"打通彝家山寨致富路 ………………………… 98
　　任家沟来了个扶贫书记 …………………………………… 103
　　邱玉春：把驻村当事业　把村民当亲人 ………………… 106

目 录

第五部分　服务实体经济　　113

人保财险服务实体经济系列报道之一
人保财险护航"一带一路"　助推企业安心启程　　114

人保财险服务实体经济系列报道之二
服务"三农"全力助推脱贫攻坚　　119

人保财险服务实体经济系列报道之三
人保财险：引领保险业态创新　助力小微企业发展　　124

苏州科技保险：如何"放大科技"　　129

为大蒜之乡打造完整保险链　　134

住宅地震保险这一年　　139

坚守塞罕坝的保险人　　144

第一部分
农险扶贫

Agricultural Risks for Poverty Alleviation

> Boost Poverty Crucial
> Insurance on the Road

助推脱贫攻坚·保险在路上

河北省阜平县保险扶贫系列调查之一
"枣"想和你在一起

地处太行深山区的河北省阜平县是国家级贫困县，2012年12月29日至30日，习近平总书记到阜平考察，对阜平加快脱贫致富提出殷切希望。为落实习总书记"实施精准扶贫，增强内生动力"的重要批示精神，充分发挥金融助力脱贫攻坚的作用，阜平县以农业保险作为金融扶贫的突破口，对金融进农村进行了一系列探索。2014年11月，《阜平县农业保险联办共保实施方案》出台，县政府与人保财险阜平县支公司开始研发覆盖全县主要种植、养殖品种的保险产品。2015年，除14个政策性产品外，又开发出大枣、核桃、肉牛、肉羊、种羊、肉鸡6个商业保险产品。全国首创的成本损失险获得2015年全国农业保险创新奖。近日，《中国保险报》记者赶赴阜平，对当地保险扶贫情况进行了调查。

冯中祥有些耳聋，当《中国保险报》记者隔着河北省阜平县下家峪村村委会的大会议桌，问他2015年家里的枣树有没有入保险时，他还是喜庆地坐着不说话，泛黄的牙齿从爬满皱纹的脸上露出来——他没听清楚。

记者加大了音量，这一次，冯中祥听清了，他闭上眼睛摆摆手，带着浓浓的当地口音说："没有，儿媳妇没掏钱。"

早些年，冯中祥和老伴儿将家里的几十亩枣树林分给了两个已经成家的儿子。大儿子在外面打工，枣树都由二儿子打理。2015年夏天，县里的领导带着人保财险阜平县支公司工作人员来到下家峪村给这里的村民讲解大枣特色保险时，作为村支书的冯中祥特意叮嘱儿子，要给家里的枣树入上保险。

可等到收钱的时候，二儿媳妇反悔了。

其实这也不能怪她。卞家峪村位于阜平县城东南30公里，一千多人的村子一共才有350亩耕地，世代都以种枣树为生。村里的老人说，谁也记不得这里到底是从什么时候开始种枣树的。每年中秋节前后是红枣成熟的季节，村民们将暗红的大枣从树叶之间摘下，等着收山货的商贩上门。

按照政府前些年的统计，以大枣作为主要经济来源，这里的人均纯收入只有2200元。人保财险阜平县支公司工作人员介绍，每亩枣树林的保费是36元，政府会补贴21.6元，村民只需要拿14.4元。

可是，要是给家里的几十亩枣树林都投保，就得好几百元，出不出这个钱，对于卞家峪的村民来说，是得好好考虑。

当时村里有几种意见。有人认为应该多投保，把自家的枣树都保上；有人将信将疑，想先保一部分试试。不过，大部分村民是不相信的，认为"保险这东西可没准儿"。

53岁的杨金成再三考虑后，决定掏钱。他给自己算了一笔账，通常一斤枣可以卖2～3元，每亩枣树林的产量大约500斤，也就是1000多元，每亩14.4元的保费也不算贵。更重要的是，最近这七八年，卞家峪村接连遭灾，大枣不仅卖不上价，产量也低，有的年份卖枣的收入还抵不上买农药的钱。

想要靠天吃饭，老天爷却不赏饭吃。杨金成想着，索性买上保险，起码能保个本钱，一家四口的生活也能有基本的保障。再说，政府鼓励的事儿，总不会骗人的。不过，多年来，他也说不清自己有多少亩枣树林，就决定投保村里大部分人上报的20亩。

最终，卞家峪村8000多亩枣树林中的2426亩投保了大枣特色保险，保费支出为3.49万元。在阜平县政府与人保财险阜平县支公司"联办共保"的模式下，这笔保费按照1∶1的比例，分别转入双方的农业保险专用账户。

几个月后，让卞家峪村紧张的中秋节到了。那几天，杨金成天天去看自家的枣树，不时望望天空。

可惜天公不作美，中秋节一过，连日的雨水把成熟的红枣浇得不成样子。祸不单行，随之而来的大风又把已经浇蔫的大枣吹得七零八落。看着满地水坑里腐烂的大枣，想着一年的辛苦和买农药的钱、雇人的工钱，很多上了年纪的人抹起了眼泪。

杨金成知道，这一年的收入又没有了。现在，他只盼着之前入的保险能真如当时说的那样，按照每棵枣树10元的标准赔偿他。

这一次，他没有失望。人保财险阜平县支公司很快派来了农险查勘员。在确认了枣树的受损情况后，很快将6800多元理赔款送到了杨金成的手上。因为2015年的雨水灾害，整个卞家峪村一共收到了将近83万元的理赔款，接近保费支出的24倍。

看着别人家里拿到了赔偿款，当初那些不相信的村民才知道，原来保险是"有准儿的"。到了2016年，还没等保险公司来做宣传，乡亲们纷纷跑到村委会，询问什么时候给枣树入保险，其中也包括冯中祥的二儿媳妇。

到2016年5月底，卞家峪村的8000多亩枣树已经全部投保了大枣特色农业保险。

不过，已经受益于保险的杨金成想，这个"好东西"能不能为自己和乡亲们提供更多的保障？现在，保险只是保了成本，如果每亩多交点儿钱，能不能把收益也给保上？

他把这个想法告诉了人保财险阜平县支公司经理李二国。李二国说，其实人保财险已经在考虑这样的险种，毕竟只有这样才算是真正为扶贫兜底。但是，只有杨金成一个人这么想不够，得让大多数人都有这个意识才行。2016年全部投保是因为上年确实遭了灾，如果没遭灾，谁知道2015年投保的2426亩会不会变成2016年只投保200多亩。还是得慢慢来，等到乡亲们都有了保险意识，接下来的事情就好做了。

（文章刊载于2016年6月15日《中国保险报》，记者张爽采写）

Boost Poverty Crucial
Insurance on the Road

助推脱贫攻坚·保险在路上

河北省阜平县保险扶贫系列调查之二
保险真的给赔了

见到郝利刚的时候,他正在肉羊场里低头摆弄着槽里的饲料,右边裤腿挽起到小腿,黄蓝条相间的POLO衫领子一侧立起,一侧放下,发旋儿处的几根头发高矮不一地挺着,看着像个经验老到的养殖农民。

其实,他是这家羊群存栏量超过1万只的河北省阜平县福泉牧业有限公司的负责人,接触养殖也不过两年多的时间。可就这两年,已经让郝利刚切身感受到,动物的脾性比人还难以捉摸。

"煤老板"变身

在当"羊老板"之前,郝利刚是十几年的"煤老板"。前几年,煤炭行业不景气,郝利刚采煤厂的效益也日渐衰落,他开始盘算着要转个行当。

当时,他经常在新闻里听说政府支持农业发展,而煤厂合伙人在家乡开的养殖场和屠宰厂做得很红火,他决定自己也试试。

说干就干,郝利刚拿出了多年积累的三四百万元,平整土地,盖羊棚,买羊崽,一个养殖场的雏形初步搭建起来。因为之前从未接触过这个领域,郝利刚最初只修建了5个羊棚,买了七八百只山羊。

没想到初次试水一举成功,到2014年春天,这几百只养了3个月的山羊给郝利刚带来了将近15万元的纯收入。

他这下可乐坏了,二话不说,接着建羊棚,买羊崽,养殖规模迅速扩大,羊从原来的七八百只逐渐增长到三千多只,养殖种类也丰富起来，从单一的山羊发展到绵羊、肉羊、种羊等多品种。

然而，准备大干一场的郝利刚不知道，风险已经在路上。当时，新疆、甘肃、内蒙古、宁夏等省（自治区）连续发生小反刍兽疫疫情，疫情传播快，跨度大，风险高，很快就在全国蔓延开来。郝利刚的羊崽们也难逃此劫，死的死，病的病，即使没受疫情传染的羊也卖不出去。为了控制疫情传播，各地养殖场的产品不能运往外地，只能在本地出售。有些屠宰厂趁机压低价格，进价在十八九元一斤的肉羊卖七八元一斤都没有人要。

郝利刚记得，2014年5月至6月，仅是肉羊一个品种他就赔了几十万元，打消了他想要大干一场的雄心壮志。他这才知道，养羊比采煤的风险还大，后者最多是卖不出去，但煤还在，可养的羊要是遇到病灾，就什么都不剩了。

这也是所有规模经营的养殖业共同面临的潜在风险，农民缺少风险抵抗能力，一旦发生大灾疫，很可能一夜间失去再生产的能力。

郝利刚的养殖场陷入了维持经营的状态，他再也不敢扩大规模了。

真的给赔了

维持了快一年，郝利刚的心气儿越来越不足。阜平县金融服务中心和人保财险阜平县支公司在此时找到郝利刚，说服他为养殖场投保肉羊和种羊特色保险。工作人员告诉他，这是专门为阜平县养殖户开发的农业保险，不仅保障自然灾害和疫病，市场价格波动给养殖肉羊造成的成本损失也会得到赔付。郝利刚只承担保费的40%，其余60%的保费由县财政来负担。一只肉绵羊需要交34.2元，保额是950元；一只肉山羊需要交30.6元，保额是850元；而种羊则根据所交保费不同，有3个等级的赔付标准。

郝利刚不太相信，可转念一想，政府总不会骗人，再说几十万元都赔了进去，也不差这一只羊30多元了。除了即将出栏的那部分，他给剩下的一千多只羊投了保险。

很快，郝利刚就知道自己做了正确的选择。

养殖场里又死了几只羊崽，他按照人保财险阜平县支公司的要求，拨打了报案电话。工作人员很快就来了，确认病死的羊崽属于保险责任范围。这之后，郝利刚几乎天天接到催他前去办理理赔手续的电话。

随后几个月的时间里，养殖场里先后有560只肉羊和种羊获得灾害险和成本损失险的赔偿，理赔金额达到十几万元，几乎等于这些羊正常出售的利润。

这一次郝利刚觉得自己吃了定心丸，又敢放开胆子干了。拿着到手的理赔款，他又开始新一轮的建羊棚，买羊崽，只不过每买一只羊崽，就会直接入上保险。到目前为止，养殖场里存栏的1万只羊已经实现了应保尽保。

大家好才是真的好

郝利刚的养殖场里，几个羊棚正在搭建中。郝利刚说，这是他为村里也想养羊的村民修建的，吃水不忘挖井人，政府帮了他那么多，他也得懂得回馈。

谁愿意使用养殖场的厂房，他都免费提供，只收取水电费。他还帮助村民采购饲料，指导他们喂养羊，共同享受规模化经营带来成本降低的效益。

2016年初，在县政府的帮助下，郝利刚拿到了屠宰厂的经营资格。他说，当初他就吃了屠宰厂的亏，现在有条件了就得找补回来，把渠道掌握在自己的手中。这样一来，不仅自己受益，村民们也省去了运输费用和找销路的麻烦,直接送到他的屠宰厂里,还能提高产品附加值,帮着大家多赚点钱。

郝利刚说,目前与福泉牧业合作的农户有100多家。他希望到2016年底,算上其他农户的饲养量,养殖场的规模能达到3万只,到时屠宰厂也能运转起来了。

不过,他知道只是建厂房就需要500万元的资金,还没有算上其他费用。"我现在就缺钱,别的什么都不缺了!"郝利刚憨憨地笑着说。

(文章刊载于2016年6月20日《中国保险报》,记者张爽采写)

河北省阜平县保险扶贫系列调查之三
保险扶贫：兜底与撬动

河北省阜平县位于保定市西部，从保定东站到阜平县城大约需要 1 小时 40 分钟的车程。据说在修建高速公路之前，往返两地只能走盘山路，同样的距离要耗费 3～4 小时。

这个全山区县的山场面积 326 万亩，占总面积的 87%，耕地面积仅为 21.9 万亩，人均还不到 1 亩，俗称"九山半水半分田"。所以，大枣、核桃才会成为许多村庄的支柱产业。

阜平县有 209 个行政村，其中 164 个是贫困村，占比达到 78.5%。以下家峪村为例，每年人均纯收入只有 2200 元，全村劳动力文化水平绝大多数为小学和初中毕业，高中毕业仅占 5%。阜平县金融服务中心主任杜金利告诉《中国保险报》记者，这还不是阜平县最穷的村，有很多地方人均收入还不到 1000 元，扶贫任务艰巨。

扶贫需要钱，无论是抵御风险还是发展产业，没有金融支持是做不到的。所以，阜平县把金融扶贫作为支持群众脱贫致富的总抓手，以"金融活起来"，助推"产业兴起来"，实现"群众富起来"。

而农业保险被认为是这一切任务的突破口：在为农业生产兜底的基础上，撬动规模经营产业的进一步发展。为此，阜平县在设计农业保险方案之初，就提出既要对县域内主要种养产品实现全覆盖，又要对每个产品的保险责任实现全覆盖。

农民买保险的时候不会知道，为了开发出具有针对性的保险产品，阜平县的主要职能部门几乎全体出动。当初让河北省阜平县福泉牧业有限公司负责人郝利刚感到"不可思议"的成本价格损失险,就是这样设计出来的。

由于缺少历史数据,加上市场价格浮动,这款保险很难单纯通过精算技术进行定价,为此,阜平县发挥了各职能部门的综合作用。以肉羊成本价格损失险为例,每周由县畜牧局从8个养殖监测点和两个屠宰厂监测点采集肉羊的购入价格、出售价格,然后将这些价格加权平均,最后将测算结果报告给县物价局。经过确认后,县物价局将相关数据提供给人保财险阜平县支公司。每个星期一,阜平县政府网站、阜平电视台定时发布最终的市场价格。

这样一来,就保证了赔款的精准度,避免有人钻政策的漏洞。用杜金利的话说,做金融扶贫就得充分发挥主观能动性,既要为群众做实事,又得按规律办事。

2015年,阜平县共办理农业保险451单,覆盖176个村,保费收入1090.63万元,保险金额达11.43亿元。理赔金额为1483万元,其中,大枣由于刚好在脆熟期遇到连阴雨,导致大量损失,赔款达726.77元,赔付率接近700%,从总体上兜住了农民生产经营的风险底线。此外,2015年共有586户用农业保险保单质押贷款4083万元,为金融部门支持农户贷款降低了风险,郝利刚扩建养殖场的一部分资金就是通过这个方式获得的。

2016年,除了已经覆盖的六类种养产品外,阜平县还将扩大农业保险的覆盖范围,特别是从无到有的食用菌产业保险。

另一个突破是,按照最初的设计,商业性农业保险的保费由农户或企业自缴40%,政府补贴60%。而在2016年,即使农户或企业不愿意承担这部分费用,政府的补贴保费也同样会覆盖,因此,预计财政补贴保费将达到2100万元。

杜金利说,资金只是一个方面,他现在最关心的是怎么能将金融扶贫与互联网技术结合起来,"现在很多农民贷款到期了,宁可多还点儿利息,也不愿意到银行办手续,因为交通不方便,跑一趟太麻烦。要是能通过先进的技术,让农民在家就能办妥贷款、还款的手续,那就方便了"。

人保财险阜平县支公司经理李二国说,她最担心的还是农民的保险意识,在实际工作中,还是有很多人抱着"我都交了钱,你凭什么不赔",或者"今年交了钱就没赔,明年再也不交了"的观点。培养并维护农民对农业保险的认可,还有很长的一段路要走。

(文章刊载于2016年6月21日《中国保险报》,记者张爽采写)

第一部分 农险扶贫

锡盟草原上的约定

2017年8月4日,内蒙古自治区锡林郭勒盟阿巴嘎旗刚刚下了一场雨,草原的空气中弥漫着清新的草香味。阿巴嘎旗别力古台镇阿拉腾杭盖嘎查村牧民达布希拉图的妻子在家里收拾家务,他的两个儿子在新建的蒙古包里看电视节目。

达布希拉图将圈里的400多只羊放归草原,回到家里时两只靴子都湿透了,他告诉记者:"草原上终于有草了,甸子里低洼处还有充足的存水,将羊放出去心里非常踏实。你们不知道,前段时间可惨了,7月之前没下过一场雨,草原上到处光秃秃的,羊群过处都会扬起一股股的尘土,踢起一块石头简直能擦出火花。"

内蒙古自治区锡林郭勒盟阿巴嘎旗刚下过雨,草原上有的地方比较泥泞,达布希拉图嘱咐儿子宝力尔骑马时一定要小心。

"没草没水,羊群根本不敢往外放,放出去怕是要饿死渴死在外面了。那段时间只能圈养,买饲料喂养,每只羊一天要一块钱的饲料呢。"达布希拉图说,"还好,7月初,保险公司给我赔偿了6000元,等于圈养的饲料钱人保给出了。赔偿款刚一到手,老天爷也开眼了,接着就下了三场好雨,草原一下子就绿了,我们心里都非常高兴。"

原来,2016年10月,人保财险锡林郭勒盟分公司与阿巴嘎旗人民政府携手开办了"草原牧区牛羊天气指数保险",阿巴嘎旗人民政府在7个苏木开办此保险,收取保费228.37万元,保险期间承担风险保障2850万元。

2017年春天,阿巴嘎旗遭遇严重干旱,缺草少水。根据气象部门提供的观测数据分析，结合人保财险工作人员实地勘察，按每只羊旱灾单位保险金额 30 元／只进行赔付，人保财险锡林郭勒盟分公司如约在 7 月初共为受灾的 7 个苏木 1028 户的 22.8 万只羊赔款 685 万元。

达布希拉图是一位家境还比较不错的牧民，保险意识也比较强，他自愿为家里的 200 头羊投了保。

与达布希拉图几公里之隔的牧民苏亿拉格日勒情况有所不同，他是贫困户，这次旱灾政府给他保的羊也赔付了 6000 元。

分管农业保险的人保财险锡林郭勒盟分公司高级业务主管马占平向记者介绍，2017 年 6 月 29 日，借助阿巴嘎旗"草原牧区牛羊天气指数保险"扶贫攻坚民生效应，公司与阿巴嘎旗扶贫办签订了政府救助保险合作协议，为全旗建档立卡贫困户 1180 人完成投保。承保的扶贫险种包括重大疾病保险、意外伤害保险（含意外身故、意外伤残、意外医疗费用）、大病住院补充医疗保险、农房保险和家庭财产综合险（附加饲草料的火灾），合计保费 143.75 万元。

阿巴嘎旗别力古台镇长锁柱告诉记者，针对贫困户，政府用扶贫专项资金为他们投保了系列保险，由人保财险锡林郭勒盟分公司具体承办。在很大程度减轻了贫困户的负担，也为他们提供了一份坚实的保障，减少了因灾因病返贫情况发生。

阿巴嘎旗副旗长海军接受记者采访时介绍说，阿巴嘎旗总人口 4.75 万人，从事畜牧业的有 2.5 万人，2016 年建档立卡贫困户有 234 户 678 人，现在有 88 户 210 人。2017 年上半年大旱，全旗无有效降雨，好在到了 7 月初开始降雨，给干涸的草原带来急需的水源。

7 月 1 日前，三分之一的草场没有返青，羊没草吃，没水喝。传统养殖方式是走场，2016 年无处可走，只能买草买料。好在人保财险内蒙古分公司推出了"草原牧区牛羊天气指数保险"，政府用扶贫资金给所有贫困户的牲畜投保，一旦天灾严重，牧民也能有保障。如果牧民都参加这类保险,政府就可以腾出"一只手"干别的,不用天天去抗灾,也给政府减轻了一定的负担。

草原的天气变化较快,一阵云雨过后,天际边出现一道彩虹。达布希拉图12岁的二儿子宝力尔在屋里坐不住了,他要出去骑马。这几天是内蒙古自治区成立70周年的大日子,草原上会举办大大小小的那达慕盛会,其间的赛马大会则是宝力尔这些小骑手们一试身手的舞台。

达布希拉图对儿子宝力尔做了一些嘱托,只见瘦削的宝力尔一跃上马,向着彩虹出现的方向飞奔而去。

(文章刊载于2017年8月8日《中国保险报》,记者刘书勇采写)

Boost Poverty Crucial
Insurance on the Road

助推脱贫攻坚·保险在路上

经营"人民保险" 不能只念生意经

从山东省邹城市的行政区划地图上看，城前镇可谓"边陲重镇"：总面积182平方公里，拥有111个行政村，总人口9.5万人，是邹城市村庄数量最多、面积最大的乡镇。

在这个离邹城市主城区最远、百里山路蜿蜒崎岖、过去多年被视为山多地薄的穷山窝里，人保财险城前镇营销服务部上演了一幕支农惠农综合性保险服务的"大戏"：保费规模从创业初期的几十万元突破千万元，在当地保险市场的占有率达70%以上。仅2016年，该营销服务部就接办保险责任案件1200件，赔款支出近500万元，使城前镇百姓实实在在感到受到了"人民保险"带来的获得感和幸福感。

近日，《中国保险报》记者专赴城前镇采访。被问及业务倍增的"诀窍"时，该营销服务部负责人徐培禄告诉记者：要诀就是打造支农惠农综合性保险服务平台，时刻踏准政府中心工作的"锣鼓点"！

从镇政府计生办主任岗位退下来的徐培禄加盟人保财险已有10个年头，他从"人民保险"60多年成长的经历中领悟到："经营'人民保险'，不能只念生意经，政治站位意识和责任担当理念必须坚持！"

为此，作为一名共产党员，他从一接手创建营销服务部，就提出注重党建工作，做国有企业红色基因的忠实传承人。取得镇党委同意后，他与城前镇人保寿险的党员同志一起，主动参与镇机关党支部活动，深入了解镇党委、镇政府各个阶段的中心工作，开启了"政企互动"运作模式，从保险保障的角度积极介入，给镇党委、镇政府当好保参谋和助手，不断放大营销服务部的属地服务职能，队伍建设和业务发展成效日益凸显。经过一系列运作，人保财险城前镇营销队伍由当初的五六人发展为现在的五六十人，党员占比也稳步提升，保费规模则由10年前的几十万元发展到2016年的过千万元。

徐培禄笑称，他们踏着政府工作"锣鼓点"，主要"演出了"三出支农惠农综合性保险服务"折子戏"。

第一出"折子戏"，是按照上级公司三农营销服务部建设方针，打造好支农惠农综合性农村保险服务平台，获得乡亲们的认知与认可。2007年，刚刚成立的城前镇营销服务部管理基础薄弱，人员队伍不齐，专业能力较弱，业务发展缓慢，农民朋友认可度低。为改变这种局面，徐培禄和伙伴们在认真深入分析当地经济发展和百姓心理之后，调整了营销服务部的职能定位和网点作用，提出了走"三专"道路（专业、专注、专心）的思路，以此作为日常管理和业务发展的工作指引。严格按照上级公司"八个一"标准打造职场、塑形象、擦亮品牌，加强管理苦练内功，加强对网点人员职业素养和职业技能的培养。同时，积极与人保寿险进行对接，双方严格按照上级公司农网共建的工作指引，在"共享一个品牌、共建一支队伍、共享一个产品、共用一个职场、共有一个客户"方面达成共识，实施联合展业行动，一方面满足百姓对健康、养老、意外等人身保险的需求，另一方面满足百姓对私家车辆、家庭财产、责任保险等财产保险的需求，最大化满足百姓的保险需求。

第二出"折子戏"，是联手政府，把保险职能融入镇政府的工作中去。他们多次请镇政府领导到营销服务部指导工作，把政策性农业保险的落地服务作为中心要务，保障以种植经济作物为主的广大农民能够增产增收、丰衣足食。截至2017年上半年，该营销服务部已为当地主要农作物花生上了保险，还全面承保了大病保险、治安家财保险、能繁母猪养殖保险和公益林林业保险等惠农政策性险种，为政府规避了多项职能工作中的风险。同时，按照国家精准扶贫的工作要求，积极主动对接政府，为当地百姓提供了各类扶贫保险。

第三出"折子戏"，是积极参与、渗透到镇政府组织实施的各类民生项目中去。在习近平总书记"绿水青山就是金山银山"精辟论述指引下，具有"绿水青山"丰富自然资源的城前镇近年来大力发展旅游，被国家有关部门列入了"全国重点镇"名单。随着旅游者和宜居小区建设者大量涌入，该营销服务部适时推出公众责任险，在镇政府举办的"旅游桃花节"中为10多万名游客保驾护航；推出建设单位施工人员和驻地小微企业人身意外险，协助镇政府把小城镇开发建设、农产品就地加工中的安全生产落到实处。该营销服务部还积极参与镇政府精准扶贫项目，其定点帮扶对象城前镇燕子沟村唯一的塘坝被雨水冲垮后，导致村里浇地用水困难，严重影响了该村农业生产。徐培禄闻知此事，迅速向上级公司报告，将申请到的帮扶资金3万元交给村委用于塘坝新建，获得村民交口称赞。

在打造支农惠农综合性保险服务平台的过程中，城前镇营销服务部实施前端销售与后端服务"两手抓"，充分发挥镇政府与各级村委的相互作用，借助协保员队伍建设，把保险服务送村到户。他们定期开展协保员培训，对符合农村市场的产品条款、承保流程及理赔须知等进行宣讲，提升协保员的业务拓展能力和理赔服务能力。2016年，依托协保员队伍实现协保签单200余件，案件协赔处理近百件，既方便了参保客户，又扩大了人保财险在各村各户的影响。2017年，该营销服务部又在镇驻地后院设立了客户自助洗车区，为投保客户提供全年无限次免费洗车服务。凡是来镇里办事的村民，随时可以在营销服务部避暑、避寒、休息、咨询。当地老百姓由衷感谢这种人性化服务，都说人保财险好比他们在镇上的第二个"家"。

"积极对接政府需求，巩固政策性保险阵地，开辟具有当地特色的非车险业务，邹城市城前镇营销服务部闯出了一条可推广、可复制的新路子。"人保财险济宁市分公司总经理任玉宏介绍，"2016年，济宁市分公司不再局限于有补贴的政策性农业保险，动员各县（市）支公司和乡镇营销服务部以城前镇为榜样，以商业性农业保险为抓手，积极创新各领域险种，使多个接地气、受欢迎的新险种在县域实现零突破，推动农险业务补齐'三农'需求缺口，实现了近30%的增速。"

任玉宏表示，2017年，人保财险济宁市分公司正以保险供给侧结构性改革为切入点，精心布局城区和县域两大市场，全面聚焦党建引领、服务优化、农村区域开发、既有资源整合、企业文化建设5个板块，聚精会神抓发展，全心全力强效益，以优异的成绩迎接党的十九大召开。

（文章刊载于2017年9月7日《中国保险报》，记者姚慧采写）

Boost Poverty Crucial Insurance on the Road

助推脱贫攻坚·保险在路上

贵州贫困户：今年多了三份收入

"天无三日晴，地无三尺平，人无三分银"——这句俗语用来形容贵州黔东南州的剑河县一点不为过。小雨过后，沿着崎岖的山路盘旋几十公里，《中国保险报》记者来到剑河县革东镇麻栗村的生态养猪场。

52岁的建档立卡贫困户姜富和告诉记者，前几年他很想去大城市打工，但是父母年事已高，身体都不太好，两个孩子还小，妻子一人根本照顾不过来。在2017年3月到麻栗养猪场务工之前，他靠家里的几亩地和打些零工维持生计，经常入不敷出。

"多亏了这个养猪场，不然像我这样一无技术、二无资金、耕地又少的农民要贫困一辈子了。"姜富和一边说着，一边启动饲料传送装置。

姜富和2017年将多三份收入，预计达到3.3万多元。

第一份便是在麻栗养猪场的打工收入，一年能有3万多元。

革东镇麻栗村的生态养猪场是2017年初由中央财政扶贫资金和人保财险融资建成的。剑河县扶贫办相关负责人表示，以前的扶贫资金大多直接给钱给物，但效果都不好。"这次我们采取了'政府＋公司＋合作社＋贫困户'的模式，逐一征求贫困户意见并与其签署入股协议书，将每户2万元的扶贫资金作为固定收益优先股，投入养殖场中。这部分资金共400余万元，再加上人保财险前期融资100万元作为启动资金，并引入了贵州台万猪业养殖有限公司等龙头企业，共建养殖场。"该负责人说。

据贵州台万猪业养殖有限公司董事长、革东镇麻栗养殖场总经理万俊介绍，不管养猪场运营情况好坏，每年都要拿出12%的固定红利分发给贫困户，每户每年能拿到2000多元。这就是姜富和的第二份收入。

此外，养殖场为每头猪都购买了灾害死亡保险和生猪价格指数保险。"有保险兜底，我们的压力减轻了很多。"万俊表示，自养殖场开办以来，只有11头猪由于突发疾病死亡，很快就收到人保财险的赔款。

据介绍，首批生猪300余头已出栏，目前存栏近1000头，年出栏3000头以上。麻栗养猪场模式在麻栗村2公里以外的东南村进行了复制，目前东南村养殖场已基本完工，将在10月投产，仅这两个养殖场可直接带动800余人脱贫，此外通过猪粪环保利用，配套饲料牧草场建设，又可带动20余户脱贫。

姜富和的妻子在自家地里种玉米，种饲料草，养猪场会定点收购，一年约有1200元的收入。这便是他的第三份收入。

扶贫更要扶智。人保财险在新建的东南村养殖场配套建设了养猪培训基地，免费为贫困人口脱贫提供全面的养猪技术培训和实习。

"我在养猪场务工不但可以挣钱，还能学到养殖技术，过两年技术学好了，攒一些本金，我准备自己建一个小型的养猪场。"姜富和自信满满地说。

这也是产业扶贫的初心。据了解，养殖场项目在启动初期，人保财险和贵州台万猪业养殖有限公司都承诺，5年内要教会有需要的贫困户所有的养殖、经营、销售技术，再把入股的扶贫资金本金返还给他们，让他们都能开设养猪场。

贵州保监局副局长黄海晖表示，对于典型的集中连片特困地区，保险业在防止因病、因意外返贫的同时，正在积极尝试由偏重"输血"向注重"造血"的扶贫方式转变，保险资金直接支农融资业务便是其中之一。

据了解，中国保监会和贵州省人民政府2016年联合出台《关于在贵州建设"保险助推脱贫攻坚"示范区的实施方案》（保监发〔2016〕59号），剑河县被选定为"保险助推脱贫攻坚示范县"，人保财险便与剑河县委县政府签署了合作备忘录。除了养猪场外，人保财险还将在剑河县开展一批扶贫产业项目。比如，协调中合三农集团有限公司在剑河实施5000头安格斯能繁母牛项目，目前已提供支农融资100万元，引进50头安格斯牛在剑河县革东镇先行先试。

（文章刊载于2017年9月29日《中国保险报》，记者朱艳霞采写）

第一部分
农险扶贫

橡胶树保险"三步曲"

每天清晨，海南省琼海市嘉积镇新朝村的胶农们会陆续赶到村里的橡胶收购站，出售自家的胶水。当雪白的胶水被倒进铁皮储存桶中，胶农们也拿到了这一天来自于橡胶的收入，从几百元到几十元不等，这取决于胶水的重量、干胶含量、橡胶的市场价。

天然橡胶是国家的重要战略物资，不仅为人们提供日常生活中不可或缺的日用、医用等轻工橡胶产品，而且向多领域重工业和新兴产业提供各种橡胶制生产设备或橡胶部件。

对于胶农来说，橡胶是他们的主要收入来源，关乎胶农的吃饭大计，种植起来也相当不容易。一棵橡胶树从种苗到"开割"要经历6年时间，期间需不断施肥、浇水。最痛苦的是收胶的时间，前一天晚上将橡胶树割开，第二天天不亮就要爬起来收胶，然后拿到收购站去卖，"早上起来蚊子咬，又睡不够。"嘉积镇新朝村的胶农林江觉得种橡胶是个苦差事。

橡胶的价格也不稳定，收购价最高时能达到每公斤30元，前几年受国际橡胶市场低迷的影响，收购价一度跌到每公斤6元，村里的橡胶树几乎无人打理，最近收购价才又涨到每公斤11元。

正是因为天然橡胶对于海南农业和农民的支柱性作用，2007年8月起，橡胶树保险就被纳入海南省首批地方性财政补贴险种，到2010年，又纳入中央财政保费补贴目录，防止胶农出现"因灾致贫，因灾返贫"。截至2016年10月底，海南省橡胶类保险产品原保费收入为15439.97万元，占农险总保费收入的47.31%，属于关系海南省国计民生的重要农业保险保障产品。

目前，橡胶树保险参保农户只需承担橡胶保险保费的25%，其余75%分别由中央财政、省级财政和市县财政负担。

林江家里七八亩地是从2013年底开始投保橡胶树保险的。如果按照当地每亩地种40棵橡胶树的水平，属于林江一家三口的橡胶树应该有300棵左右，一年所交保费不到500元。而仅在2016年的"莎莉嘉"台风后，林江就收到了来自人保财险琼海分公司5000多元的理赔款。

这种保险虽然兜住了胶农们的损失，但还存在一些问题，比如需要采用"一棵一棵数数"的方法进行查勘定损，成本高，且无法迅速、准确地完成核损工作。即便是采用抽样理赔定损法，前期报损仍需投入大量的人力物力，同时，受灾情况复杂，报损数据误差不可避免，样本确定不科学，因此不可能达到科学核损、快捷理赔的要求。

针对这些问题，人保财险海南省分公司在海南保监局的指导下，2015年又开发出"橡胶树风灾指数保险"，这一险种按照风灾等级进行赔付，保险公司根据气象局出具的气象证明即可定损并支付赔款，提高了理赔时效。截至2016年11月底，承保约104.5万棵，为胶农提供风险保障达5385万元。

然而，在发挥保险的社会"稳定器"以及经济"助推器"的作用方面，海南保险业并未止步于此。为落实保险扶贫，人保财险海南分公司为建档立卡贫困户量身打造了扶贫保险产品，在海南保监局的指导和推动下，又开发出了天然橡胶期货价格指数保险。相较于传统的保自然灾害及主要以保物化生产成本为主的橡胶树保险来说，该险种以上海期货交易所橡胶期货价格为参考依据，能够以更科学、更客观的数据对天然橡胶的市场价格风险进行保障，解决了胶农与市场的"最后一公里"问题。

选择在海南保险业的定点扶贫地区——白沙黎族自治县进行试点，

海南保监局也是用心良苦。由于地理位置比较特殊，交通等各项基础设施落后，白沙地区发展起步相对较晚，橡胶种植产业在当地农业地位较为突出，近年胶价的低迷，致使当地较多胶农处于贫困水平。截至 2016 年 10 月底，白沙地区投保的民营胶保险保费仅为 27.2 万元，占白沙地区农险总保费规模的 9.86%，落后于全省橡胶产业的平均保障水平，与当地橡胶种植产业所占的比重不相协调。

而天然橡胶"保险 + 期货 + 扶贫"项目的开展，可以实现与当地建档立卡贫困胶农的精准对接，提高白沙地区保险覆盖的深度和广度，这对于白沙地区的扶贫攻坚无疑将具有重要意义。

（文章刊载于 2017 年 2 月 28 日《中国保险报》，记者张爽采写，史方舟摄影）

林江向保险人介绍自家橡胶树的情况

胶农们将收获的橡胶卖给镇上的收购站

胶农们每天天还没亮就要开始劳作,割胶是个苦差事

第一部分
农险扶贫

保险查勘员查看"莎莉嘉"台风中受损的橡胶树

嘉积镇的橡胶提炼厂里，工人们正忙碌着

嘉积镇新潮村胶农林江正在割胶

Boost Poverty Crucial
Insurance on the Road

助推脱贫攻坚·保险在路上

"金山银山"的保障伞

一望无垠的牧场，前一秒还是蓝天白云，下一秒却是乌云密布，坐着保险查勘车穿梭其中，仿佛奔跑在交错的时光中。

见到甘肃夏河县桑科乡岗岔村藏族牧民久西扎西的时候，他正驱赶着羊群来到牧场绵延的山坡上。白色的羊群如同有灵魂的个体，随着久西扎西的动作腾挪转移，仿佛巨大的云朵覆盖在高原上。

记者采访中得知，在藏区同胞看来，牛、羊不仅仅是家里的牲畜，是资产，更是"金山银山"。久西扎西说，他从2015年开始养羊，经过几年的积累，如今他名下已经有600～700只羊，每年收入10万余元。

可惜，这些"金山银山"并不是货币，只是生命体，所以伴随的风险也不会少。前不久，久西扎西家就有152只羊集体得病后死亡，造成了一定的经济损失。不过他一点也不慌乱，因为从一开始，他就做了十足的保障。

"从保险责任看，保险公司会根据不同情况进行理赔统计和赔付。比如久西扎西家，根据核赔情况和条款规定，他家的羊每只赔了300元，共赔付了45000余元，将近全年一半的收入了。"人保财险甘肃夏河县支公司营销服务部经理仁青道吉向记者介绍道。

近年来，为提升甘肃保险业助推脱贫攻坚能力，在认真贯彻落实中央藏区工作会议和《国务院关于加快发展现代保险服务业的若干意见》精神基础上，甘肃保监局与当地保险公司精准对接农业保险服务需求，找准切入点和突破口，持续推进藏区农险做实、做深、做细，藏区农险广度、深度不断提升。

据人保财险夏河县支公司经理看召加介绍，藏区保险主要包含三个中央补贴品种，分别是牦牛、藏系羊以及青稞，各级缴费比例按照中央补贴40%、省级补贴30%、市县补贴20%，农户自担10%进行，有效提高了现有牦牛、藏系羊品种的保障水平，使保险保额逐步接近或达到市场价格。

截至2016年11月，人保财险藏区保险已承保牦牛123万头、藏系羊233万只，承保青稞11万亩，承保率已分别达到存栏量和种植面积的89%、77%和90%；累计承保牦牛615万头、藏系羊1157万只、青稞52万亩，累计提供风险保障总额达170亿元。

此外，针对藏区牧场偏远且交通不便等情况，人保财险延伸服务触角，要求对专业合作社和养殖大户投保验标率达到100%；对于农牧散户，借力包村干部人头熟、情况明的优势，实施"工作人员＋包村干部"上门服务，实现农牧散户投保率年增长3%左右。自2014年起，3.9万户建档立卡贫困户实现应保尽保。

"目前，我们这的协保员有90%以上都是藏族，基本实现了'零距离'沟通。"人保财险甘肃夏河县支公司理赔经理桑吉克表示，随着基层服务体系的不断完善，当地也逐步形成了一支扎根乡土，服务技能和工作作风"双过硬"的农险专业服务队伍，用牧民听得懂、记得住、能理解的语言进行政策宣传，通过制作藏区农险宣传片、印发藏汉两文宣传单、举行保险赔款现场发放活动等多种形式，提升藏区社会风险意识，扩大农业保险影响力。"现在他们（藏民）的保险意识也非常强，每年都会第一时间积极缴纳保费。"

（文章刊载于2017年12月4日《中国保险报》，记者李梦溪采写，史方舟摄影）

Boost Poverty Crucial
Insurance on the Road

助推脱贫攻坚·保险在路上

保险公司工作人员向牧民宣传农业保险

傍晚时分，牧民赶着羊群回家

第一部分 农险扶贫

保险公司工作人员查看承保羊群

牧民正在放牧

牧民在藏系羊身上涂上不同颜色以分辨自家的羊群

Boost Poverty Crucial
Insurance on the Road

助推脱贫攻坚·保险在路上

牧民用货车转运牦牛

牧民久西的妻儿在自家帐篷里取暖

牧民拉着帐篷及生活用具从夏草场搬往冬草场

第一部分 农险扶贫

牧民久西扎西的妻子正在山头放牧

保险公司承保的牦牛

第二部分
产业扶贫
Industry for Poverty Alleviation

Boost Poverty Crucial
Insurance on the Road

助推脱贫攻坚·保险在路上

我和保险结下不解之缘
——山东省首笔支农融资保险资金落地记

"猪场建筑明天就要上梁啦！"莒南县牧和源养殖有限公司董事长王民喜形于色地对《中国保险报》记者说，"我们投资3000万元兴建的这个养殖场，能同时圈养2400头能繁母猪，设有600个产床供母猪轮流产仔和'坐月子'，年出栏仔猪有望达到5万头。"

记者看到，在山东省莒南县坊前镇岔河村一片连绵起伏的丘陵上，有一个小山包被夷为50亩平地，一座现代化环保型的能繁母猪养殖场正在快速施工。养殖场2017年5月破土动工，原计划工期一年，现在预计年底就能完工使用。

面对与记者同行的人保财险临沂市分公司总经理王海峰，王民动情地说："项目进展顺利，工期缩短半年，多亏了人保财险雪中送炭啊！"

王民所说的"雪中送炭"，指的是人保财险为牧和源养殖有限公司解决了无抵押支农融资1000万元这件事。王民所在的莒南县年均出栏生猪300万头，是远近闻名的养猪大县。2012年，王民创办牧和源养殖有限公司，5年来依靠"企业＋农户"模式滚动发展，从一个饲养500头猪的小猪场逐步发展成为拥有2处良种猪繁育场、5处商品育肥猪规模化养殖场、16家合同养猪场连锁经营的中型养殖企业，存栏各档次生猪5万余头、能繁母猪5000余头，2016年销售生猪8万余头，实现销售收入1.14亿元、利润2945万元，综合排名跻身莒南县养猪行业三甲。

作为莒南县生猪产销协会会长，王民常年面对生猪市场的起伏波动和激烈竞争，深知"不进则退"的道理。为了企业的长足发展，也为了持续带动一方百姓养猪致富，2016年底，王民为企业规划了未来3年力争实现存栏能繁母猪1万头、年出栏生猪20万头（其中发展农户合同养猪10万头）、年实现销售收入2.5亿元、利润6000万元的奋斗目标。

王民把3年翻番的着眼点放在了良种猪繁育扩大规模上，"不仅要做好良种猪的繁衍和育成，还要搞好环保，做好综合利用，实现循环经济"。本着这一思路，王民花15万元请专家设计了现代化、环保型养猪场的全套图纸，并且于2017年5月破土动工。

"整个工程预算3000万元，企业可用的自有资金仅有1000万元。2000万元的资金缺口，我准备用生猪销售的流动资金逐步解决1000万元，还有1000万元是没有着落的。"王民向记者介绍，"开弓没有回头箭。就在我四处张罗借钱的当口，前来宣导生猪养殖保险的人保财险工作人员告诉我一个宝贵信息：在保监会的批准下，人保财险总公司获得250亿元额度开办支农融资业务。有需求、符合条件的涉农企业和农户经过审核后，可以获得无抵押放款。我当即表达了申请融资1000万元的诉求。"

"公司对牧和源养殖有限公司的融资申请非常重视，把它作为保险扶持实体经济、助力地方支柱产业的一件大事。"王海峰向记者介绍，"向上级公司汇报并得到支持后，我们在总公司、省分公司指导下启动了融前尽职调查程序。"

调查发现，牧和源养殖有限公司经营稳健，企业负债率维持在30%左右的可控较低水平，企业及法人代表近年来均未发现不良信用记录，而且该公司在提高母猪繁殖力方面独具技术和管理优势，一头母猪的年均产仔量能够达到22头（国内同行业母猪年均产仔17头），接近于美国养猪业一头母猪年均产仔25头的先进水准。

"这是'牧和源'一直保持的核心竞争力。"王海峰说,"'牧和源'申请项目融资,为的就是放大这一核心竞争力,使企业保持旺盛发展能力;再就是经过测算,'牧和源'的年生猪产销收入现金流能够覆盖融资款本息,因而符合人保财险支农融资业务的规范要求。"

经过人保财险临沂分公司的认真考察和推荐,又经过上级公司的现场论证,2017年9月29日,1000万元无抵押支农融资款转到了牧和源养殖有限公司账户。

"人保财险放款1000万元给我们,这是山东省第一笔保险资金用于支农融资的业务。融资期限为两年,融资利率为5.5%,由于县政府对农业支柱产业有贴息政策,我们实际承担的利率仅3%多一点。而且,我们购买信用保证保险的保费,县里也给予了50%补贴。"说这番话时,王民乐得合不拢嘴,"通过这件事,我对人保财险那是刮目相看,我和保险也结下了不解之缘。"

出于对人保财险的信任,也是"学保险""懂保险"后明白了如何用保险规避经营风险,王民主动将5000头能繁母猪和9.2万头育肥猪的养殖险一并交由人保财险来办理,成为莒南县养猪行业的保险大户。不仅如此,王民还把运用融资款购买养殖设施、环保设备等相关合同、清单、发票等,一一主动送交人保财险有关部门审验,自觉接受资金出借单位的融后检查监督。"待人办事诚为先,两好才能格一好。"王民憨厚地笑着说。

(文章刊载于2017年11月8日《中国保险报》,记者姚慧采写)

第二部分
产业扶贫

给大樱桃撑起遮雨伞

在大连,大樱桃种植经济产值已经超过黄桃种植,紧随当地富有盛誉的苹果种植产业,成为各级政府加快推动农民增收脱贫奔小康的重要抓手之一。这是大连市农委果业处副处长闫明伟日前告诉《中国保险报》特约记者的信息。

然而,樱桃坐果期间最大的威胁即樱桃降雨果裂灾害一直是樱桃种植户的心病。

"后石村樱桃园种植规模700余亩,以往抵御樱桃降雨果裂灾害的手段是借助防雨棚,虽然有政府进行财政补贴,但落实到果农身上,每个防雨棚仍需要个人负担近700元。防雨棚的预期使用寿命在10年上下,且防雨棚透风性较差,管理一旦跟不上,防雨棚里的樱桃同样会因高温腐烂。"大连市金普新区后石村樱桃园农场场长崔世昆日前告诉《中国保险报》特约记者。

"仅金普新区的大樱桃种植面积就有6000多公顷,上防雨棚,不仅是果农负担重,地方财政压力也挺大。"在现场的大连市财政局农业处隋一明补充道。

大连保险业力图通过保险产品创新,给从事樱桃种植的农户撑起一把遮雨伞。从2015年开始,大连保监局即协同大连市农委、财政局和气象局等单位,指导人保财险大连市分公司针对这一课题进行联合攻关。

作为大樱桃降雨果裂保险产品的主要设计人员,人保集团李华博士及人保财险大连市分公司农险专家孟德刚告诉记者,经过调查发现,陆地大樱桃从坐果到成熟期仅一个多月，其间最大的自然灾害是樱桃即将成熟时遇到连续降雨天气，果实直接接触雨水易致其表层机理遭受破坏，樱桃树根系吸水过量则造成樱桃果实开裂，这些都会给樱桃种植业带来不可挽回的损失。按照常规实验流程，只能通过连续跟踪天然降雨过程且获得一定批次的累计实验数据，从而获得设计"陆地樱桃种植降水指数保险"（以下简称大樱桃保险）的基础数据，这最少需要两年以上的实验周期。人保财险大连市分公司、市农委及气象部门通过论证，打破常规，决定通过模拟自然降雨天象，即利用人工降雨的办法，把两年以上的实验周期压缩到一年完成，通过选择金普新区和旅顺口区两个大樱桃种植区域的定点定量实验测算，最终获得预期的科研数据，赶在2016年樱桃盛果前夕把大樱桃保险如期送到了果农手上，为果农保收增收赢得了先机。

后石村700亩樱桃园中的200亩果树，2016年被纳入政策性大樱桃保险试点范畴。这让崔世昆看到了希望，他说等2017年樱桃园的果树都上了保险，不仅可以大大降低原有的防灾设施成本，还会让他们腾出手来不断改进樱桃的品质。

在后石村大樱桃农场几公里外的前石村北屏山生态园，记者见到了生态园总经理郭相友。郭相友是远近闻名的农业生态发展探路者，他用近10年时间，硬是把三面环山的一片以石灰岩为主的不毛之地，改造成了闻名遐迩的花果山，其中已经成熟的大樱桃果树就有40公顷。

听了孟德刚关于大樱桃保险的一番简要介绍，郭相友就迫不及待地打听保费"价格"。得知每亩140元的保费由财政补贴50%，种植户仅承担其余的50%，就可获得每亩4000元的降雨灾害保障，郭相友表示立马投保。

同行的隋一明看到郭相友这般性急，忍不住笑了起来："现在已经过了承保期，你只能等到明年了。"郭相友这才恍然，一边摸着自己的后脑勺一边憨笑着。

郭相友告诉记者,北屏山生态园位于一个三面环山的"小流域盆地",两年来的几场大雨,都因三面环山的阻隔没有给樱桃园造成损失,但不能就此心生侥幸。他指着身前一大片一眼望不到头的樱桃园说:"你看这些达到了坐果树龄的樱桃树,我大都给上了防雨棚,投入不小。刚才听了专家的介绍,我觉得还是保险牢靠管用。"

大连保监局财险处副处长孙永贺告诉记者,鉴于大樱桃保险对农民尤其是部分欲以此摆脱贫困的农户具有非同寻常的意义,下一步,大连保监局将协调有关部门加大工作力度,不断完善大樱桃保险产品,扩大承保覆盖面,给广大种植户尤其是想脱贫的农户带来实实在在的真金白银和获得感。

(文章刊载于2016年8月4日《中国保险报》,特约记者李敬伟采写)

有了"螃蟹险",大风大雨都不怕

苏中的 8 月,热浪袭人。《中国保险报》记者来到江苏省扬州高邮市界首镇永安村,只见村委会便民服务大厅人头攒动,这是人保财险高邮市支公司在为永安村养殖渔民集中办理湖蟹养殖水位指数保险(以下简称"水位险")投保手续。

"我们都考虑清楚了,自愿来投保,每亩缴 5 块钱保费,渔管办补贴 5 块钱,保险公司每亩最高可赔 100 元。万一受灾,不至于因灾致贫。"养殖大户、永安村"养蟹状元"徐有桂说。

截至发稿时,扬州市高邮湖、邵伯湖区 113 户养蟹户共投保水位险 10 余万亩。水位险是人保财险高邮市支公司创新参与的金融支农服务项目保险——湖区渔业生产天气指数保险(惠鱼保)组合险种的一部分。这次签单标志着惠鱼保组合险种第一单正式落地,该保单也成为今年全国金融支农服务项目渔业类保险第一单。

扬州市渔管办主任陈日明介绍,扬州市拥有三大湖泊——高邮湖、宝应湖和邵伯湖(以下简称"高宝邵湖"),是江苏省水产养殖主产区,但因扬州市处于里下河地区,是洪灾和台风高发区,养殖户往往因一次暴雨"一夜回到解放前"。

扬州市江淮湖泊渔业公司总经理沈春忠介绍,螃蟹养殖户靠天吃饭,最怕"三个 8"。一怕"8 米"的水位。高邮湖地处里下河,养蟹标准水位是 7.6 米,如果水位高过 8 米,螃蟹就会因缺氧而窒息,水草也会淹没在水里而烂掉,螃蟹会因失去水草生态而死亡。二怕"8000 立方米/秒"的三河闸流量。三河闸是洪泽湖第一大闸,在高邮湖上游,一旦遇到特大洪灾，便开闸泄洪，每秒8000立方米的流量足以将高邮湖养蟹围栏冲垮，螃蟹会随水逃逸。三怕"8级"的大风。养殖户一到夏季就提心吊胆，湖面上起8级大风相当于平原上12级台风，是毁灭性的，瞬间就能把养蟹围栏设施摧毁。

据介绍，2015年夏季，高宝邵湖上游洪峰致使三大湖区受灾面积15.57万亩，涉及辖区4个县市区、15个渔业乡村、531户养殖渔民，养殖螃蟹逃逸和死亡共计734.4吨，养蟹设施被损毁，直接经济损失4570.2万元。

"以前我们养蟹户捧着钱到保险公司都买不到'螃蟹险'，如今终于盼到了保险，国家还补贴保费，给咱这些靠天吃饭的养蟹户吃了定心丸。"沈春忠说，"我自己养殖螃蟹1300余亩，公司达到3万亩，有了'螃蟹险'，心里就有了底气。"

人保财险扬州市分公司副总经理吴健介绍，在总公司大力支持下，扬州市分公司联合扬州市渔管办共同开发以水位险、台风险为主的惠鱼保组合险种，不仅为养蟹户上了螃蟹保险，还为养蟹围栏等设施上了保险。同时，扬州市分公司以贷款担保形式，对养殖权抵押贷款等湖区渔业贷款进行保证担保。

其中水位险以水位7.6米为基准线，江苏省和扬州市水文局提供的水位及持续时间书面证明为理赔的唯一依据，赔付期限为水文部门出具证明、保险事故确定后10个工作日内。

以螃蟹养殖设施为保险对象的台风保险，以台风和龙卷风造成的养殖损失为保险标的，进行赔付。

据介绍，在农业部2016年金融支农服务创新试点征集中，由扬州市渔管办申报的"渔业养殖权交易平台+政银保+气象指数项目"（即惠鱼保项目），从众多竞争中胜出。这是农业部今年立项的16个项目之一，是江苏省唯一中标的金融支农项目，也是全国唯一的渔业类金融支农项目。

该项目获得国家财政的有力支持,中央财政划拨了500万元资金,高邮地方财政也将配套200万元,预计该项目将用3年建立起3000万元的基金池,用于惠鱼保专项资金。

陈日明说,为更好地发挥渔业行政主管部门的作用,有效抑制道德风险,渔管办对养殖户进行诚信教育,把好准入关,向保险公司和金融机构推荐信用客户,还对发生过道德风险的养殖户建立了"黑名单"。

陈日明说,惠鱼保项目的设立,是农村金融创新的一种有效形式,解决了养殖户的贷款难和投保难。有了"政府+银行+保险"联手,银行可以放心地把钱放贷给渔民;保险公司因为有政府设立的风险基金池作后盾,可以放心地为银行做保证保险;有政府的保费补贴,渔民愿意花很少的钱投保水位险和台风保险。

(文章刊载于2016年9月27日《中国保险报》,记者祖兆林采写)

第二部分 产业扶贫

好项目刨了贫穷的根

无论从哪个角度看,山清水秀的平桥村都很美;无论从哪个方面看,资源丰富的平桥村都很穷。

平桥村是川东北丘陵山区一个依山傍水、山清水秀的小山村。站在那条晴天尘满天、雨天烂泥浆的村道上,映入《中国保险报》记者眼帘的是平桥村人那希望摆脱贫困、走上致富之路的渴求眼神。用平桥村村民李晋喜的话来概括:"平桥村资源丰富,却因为受到客观条件和环境制约,1027个平桥村人守的是金钵钵,端的是讨口碗。"

5月13日,渴望改变贫穷现实的平桥村迎来了"富亲戚"——人保财险南充市营山支公司精准扶贫领导小组,他们帮助平桥村刨贫穷的根,栽富裕的苗。保险业开展的精准扶贫行动如指路明灯,帮助平桥村找到了丢掉"穷帽子"的脱贫路径,平桥村人从此可以在脱贫致富路上大步流星……

帮人帮到难处　扶贫扶到根上

"天大地大,没有党的恩情大;山美景美,人民保险情更美。"

春节刚过,王宏就托人到场镇上写了一副对联贴在门上。今年61岁的王宏终身未娶,无儿也无女,是村里的五保户。3间年久失修的砖瓦房是大雨大漏、小雨小漏,成了危房。走进王宏的家,用"家徒四壁"形容一点儿都不夸张。可是,就在王宏脱贫无望、致富无门的关键时刻,人保财险开展的精准扶贫行动给他送来福音,他成了平桥村精准扶危帮扶对象之一,房子也被纳入全村64座C级危房改造。

喜讯传来，不善言辞的王宏按捺不住激动的心情，把对党的感恩和对保险业的感谢浓缩在对联上。

平桥村有329户1027人，其中五保户19户，享受低保的有67人，残疾32人。由于基础设施落后，交通不便，大量生产生活资料难以进入，农产品运不出去。平桥村人把外出务工作为主要经济收入来源，37%的青壮年长年累月在外打工。记者采访时了解到，平桥村脱贫致富存在缺劳力、缺计划、缺技术、缺经营能力、缺脱贫致富信心的"五缺"现象。

人保财险南充市营山支公司积极贯彻当地党委政府关于精准扶贫的要求，以"帮人帮到难处，扶贫扶到根上"的扶贫思路，按照"一对一""公司＋农户""支部＋农户""村集体＋农户"等帮扶模式，让帮扶对象尝到精准扶贫的甜头，得到了精准扶贫的实惠。

对平桥村的精准扶贫措施三言两语难以说清，但是在记者的刨根问底下，人保财险对平桥村的扶贫思路与扶贫举措开始清晰起来：首先是走访贫困户，摸清情况，掌握贫困原因、发展愿望。按照"一对一"帮扶模式，平桥村两委、人保财险营山支公司党员干部和45户建档立卡贫困户签订"结对帮扶协议"。推行"一户一法、挂图作战"，按照"六个精准、五个一批"的要求对45户建档立卡贫困户120人，每户明确1名脱贫责任人，每户针对实际情况制定1个脱贫办法，支部及责任人确保抓好落实。制作帮扶卡发给责任人和45户建档立卡贫困户，将措施落到实处。帮扶卡主要内容包括贫困户家庭成员姓名及现状、贫困原因、发展愿望，脱贫办法（帮扶措施）、脱贫时限、结对帮扶责任人。

刨贫穷的根　栽富裕的苗

"桃花开花粉粉红，李树开花白如雪；千树万树花开放，平桥村里变模样；吃水忘不了挖井人，致富全靠了共产党。"

踩着歌声节拍，记者走访了村民刘道富。时值5月，温度时高时低，在荒坡清除杂草的刘道富夫妇脸上荡漾着笑容，手上有使不完的力气。面对记者，刘道富畅想着他的致富经："有了人保财险的精准扶贫，进一步扩大自家的核桃、柚子和柑橘的种植规模，由目前的不足100棵发展到800棵，彻底让这片荒坡坡变成聚宝盆。"

"脱贫先脱根，致富先修路。"人保财险南充市营山支公司负责人介绍，结合平桥村的实际情况，公司以产业扶贫为思路，实施村道改造，新建3.5公里，硬化路面3.5公里，争取在2018年通到社，通到户，为平桥村修建一条脱贫致富路，修建一条奔向希望的路。以建专业合作组织为龙头，大力发展种植、养殖和水产产业。采取"公司+农户"模式成立蔬菜专业合作社，以土地入股分红，带领农户种植蒜苗、藕等蔬菜300亩，发展种植中药材300亩，吸纳20户贫困户和其他村民成为社员。采取"公司+农户""支部+农户"模式建养殖场1000平方米，养殖山羊500头、鸡1000只，吸纳20户贫困户和其他村民成为社员；人保财险南充市营山支公司"做媒"引入四川新恒阳肉食品公司成为产业扶贫的投资者，为该公司在平桥村产业扶贫的种植业、养殖业发展提供全方位的保险保障；结合水利工程整治，开发堰塘养鱼150亩，并扩大稻田养鱼50亩；采取"村集体+农户"模式建成"平桥村啤酒坊"。

如果说村道改造是为脱贫致富火上浇油，产业合作社是釜底添薪，那么"公司+农户""支部+农户""村集体+农户"扶贫模式就是刨贫穷的根、栽富裕的苗。

民生扶贫+能力扶贫

"哎哟喂，太阳出来暖洋洋，平桥村里好欢畅；敲起锣来打起鼓，唱一曲山歌感谢党；精准扶贫政策好，穷窝窝变成了鱼米乡。"

夜幕降临，平桥村民们三三两两地围坐在装修一新的村文化室里，家长里短，谈天说地，说出党的政策好，说出人保财险精准扶贫的实惠。说到动情处，村民们不约而同地清唱起自编的山歌来。

精准扶贫进了村，平桥村的模样一天一个变化，村民们有说不出的欢心。村卫生室建成了，广播电视用起了网络，手机信号全覆盖了，村小学及辅助用房得以改造，饮水工程让村民们像城里人那样喝上了自来水……

人保财险南充市分公司负责人对记者说，民生扶贫和能力扶贫的"双轮驱动"，实现了平桥村精准扶贫"甘蔗两头甜"的扶贫效果。

据了解，按照当地党委政府的统一安排部署，公司成立扶贫工作小组，选派"第一书记"脱产驻村。扶贫工作小组多次到平桥村进社入户，精确掌握村情及贫困户资料：该村贫困人口基本养老保险补助120人、贫困人口农村合作医疗补助120人、大病补助10人、贫困人口纳入低保兜底人数54人、贫困人口残疾补助10人、"雨露计划"帮助因学致贫5人。公司党员干部两次为贫困户筹措帮扶产业发展金2.2万元，帮扶产业发展金如风助火势，发挥了灯亮再添碗底油的作用，增强了平桥村精准扶贫的"造血功能"，从而形成了帮扶有政策、扶贫有思路、致富有路子、发展有项目的"造血式"扶贫。

采访结束回程途中，记者翻看人保财险南充市分公司对平桥村精准扶贫规划的美好愿景：到2018年末，消除绝对贫困，全村村民收入增长幅度高于全镇平均水平。精准减贫工作成效惠及全村1027个村民，让全村群众住上好房子，过上好日子，养成好风气，形成好习惯，全面建成业兴、家富、人和、村美的幸福美丽新村。

（应采访对象要求，文中村民系化名）

（文章刊载于2016年5月27日《中国保险报》，特约记者吕林采写）

第二部分
产业扶贫

多亏了"农保贷",不然我早破产了

"多亏了'农保贷',不然我早破产了!感谢感谢……"江苏省宿迁市泗洪县陈圩乡刘西嘴村种植大户王堂日前激动地对《中国保险报》记者说。

王堂流转了490亩土地,从2014年开始投保人保财险的"增收致富保"。"人保的赔付太及时了!"这位地道的庄稼人说。更重要的是,2016年夏种时他需要钱买农资却找不到担保,人保财险宿迁市公司"农业保险贷"(农保贷)给他担保了20万元贷款。

"农保贷"只是人保财险在江苏探索出的"农业保险+"保险扶贫新模式里的一个产品。

据介绍,"农业保险+"的"新"主要体现在四方面:一是创新"农业保险+新型主体",为新型农业经营主体量身定制了"向日葵"系列保障计划,为他们提供生产设施、雇员人身意外等一系列风险保障,进一步拓宽了"三农"服务领域。二是创新"农业保险+信贷融资",2014年创新开办了"涉农贷",对参加农业保险的种植大户提供无担保、无抵押贷款资金用于购买农资产品,至今已办理业务86笔,发放贷款1036万元;2016年,江苏在全省范围内全面推广"农保贷"项目,其中宿迁市共办理业务20笔,贷款金额378万元,有力地支持了地方特色农业发展。三是创新"农业保险+精准扶贫",2016年以来,人保财险宿迁市公司承办的全市建档立卡低收入农户大病补充医疗保险、泗洪"扶贫100"和泗阳"涟沭片区"保险扶贫项目顺利落地,惠及扶贫对象44万人，缓解了全市低收入农户因病因灾因学致贫返贫现象。2016年9月7日至12月31日，宿迁市发生符合大病补充保险受益低收入农户共2374人，补偿总额594万元。四是创新"农业保险+结构调整"，开发涵盖加工、贮藏、运输和分销全过程的农业冷链保险，保障地方特色产业的棚舍瓜果蔬菜价格指数、碧根果种植和虾稻共作等保险新品种。

宿迁市农办、农险办副主任邬康生表示："新型农业主体是未来农村重点客户，我们通过'农业保险+'，拓宽了'三农'服务领域，加强了对农业经营主体的全方位服务。"

"农业保险+信贷融资"方面，在2014年"涉农贷"的基础上，为解决种植大户等新型农业经营主体融资难、融资贵等发展难题，人保财险进行有益探索，推出了"农保贷"。

"农保贷"是由江苏省财政厅牵头邮储银行江苏省分行、人保财险江苏省分公司共同推出的一款创新信贷产品。该款产品以财政奖补型农业保险为基础，以财政风险补偿资金池为增信手段，为直接从事农业生产的家庭农场、种粮大户等新型农业经营主体提供低成本、低门槛的融资支持。2016年10月开办以来，宿迁市共发放"农保贷"20笔、共378万元，预计到2017年8月将发放3000万元。

据介绍，"农保贷"由人保财险提供贷款资金，人保金融服务公司进行贷款运行审批，实现融资金额、贷款审批、风险保障一体化管理运行，为农业生产发展特别是低收入农户脱贫创业和经济薄弱村发展经济提供贷款资金支持和风险保障。

人保财险宿迁市公司副总经理张春云对记者说："经营户规模越大，带动建档立卡低收入户就业人数越多，我们担保贷款额度就越高，成本也越低。"据介绍，仅王堂的种植基地每年就能带动10多个困难群众就业。

与此同时，宿迁市探索开办了涉农贷款保证保险，由政府、银行、保险、农资供应商四方协作，在全市试行，解决了种植大户、家庭农场、农民专业合作社等种植业经营主体融资难、融资贵的问题。承保公司对借款人资格审查和贷前调查，出具贷款保证保险单，合作银行放款，贷款资金直接汇入与借款人签订农资购销合同的农资供应商账户，农资供应商向借款人供应所需农业生产资料（贷款资金只能用于购买农业生产资料）。本着风险共担的原则，宿迁市政府承担市辖区试行范围内10%的贷款本金风险损失，县政府承担各县试行范围内10%的贷款本金风险损失，承保公司、合作银行和农资供应商风险承担比例分别为54%、20%和16%。自2014年开办以来，涉农贷款保证保险共发生86笔、1036万元，有力地助推了全市种植业规模化发展。

为有效提升服务能力，人保财险宿迁市公司加大农村网点和乡镇农险专员队伍建设，投入乡镇网点建设费用1000万元，在全市24个乡镇设立了中心乡镇服务机构，在农险经营区域内的74个乡镇配备了专职农险员，增加服务人员120人，着力构建面向"三农"和贫困人群"面对面"的便捷服务网络，充分调动基层机构开展保险扶贫的积极性。

2016年，人保财险宿迁市公司快速理赔了夏熟作物高温干旱、病虫害、"6·30"暴雨、秋熟作物的连续阴雨灾害，全年共支付赔款9242万元，受惠农户数量44.98万户次。这也是宿迁市开办农险业务以来人保财险宿迁市公司当年支付赔款最多的一年，农业保险的作用得到大力彰显。

（文章刊载于2017年5月11日《中国保险报》，记者祖兆林，通讯员沈利　张立采写）

Boost Poverty Crucial
Insurance on the Road

助推脱贫攻坚·保险在路上

一个保险引来"八方诸侯"
——"保险+期货"靶向低收入农民脱贫攻坚

"'保险+期货'很管用,俺在2018年可以甩开膀子种大豆啦!"说这话的是辽宁省庄河市青堆镇牌坊村的大豆种植户刘传恩。虽说2017年种植了130亩大豆,期货保险仅赔偿了1300余元,但脑筋灵活的刘传恩看出了这里的门道——"自然灾害轻,大豆减产程度小,期货保险理赔自然就少,咱心里也不会打鼓。反之,一旦遇到个大灾年,咱也不会忙里着慌的,到时候期货保险就能派上大用场了!"

塔岭镇隈子村村民组长张广荣联合20多户种植户种植了300多亩玉米和50多亩大豆,由于当初对"保险+期货"大豆保险半信半疑,这个合伙农户组织仅尝试投保了20亩大豆。

"我们没有接住天上掉下来的馅饼!"张广荣有些懊悔。

张广荣是名预备党员,再有几个月就转正了。"党的十九大开得好,习近平总书记不忘我们隈子村这样的低收入农民,想着法子让我们赶早儿脱贫奔小康,原来种玉米有政策性大田(自然风险)保险,现在大豆也给上了大田和期货(价格)'双保险',这是新时代、新气象,党、政、企业齐心发力新作为啊!"张广荣对十九大精神有自己切身的理解。

这是不久前,在庄河市的人保财险"保险+期货"保险产品赔付仪式及培训现场,两位大豆种植户跟《中国保险报》特约记者掏的心窝子话。

习近平总书记在党的十九大报告中强调,农业农村农民问题是关系国计民生的根本性问题,必须始终把解决好"三农问题"作为全党工作的重中之重。"党的十九大报告提出,'让贫困人口和贫困地区同全国一道进入全面小康社会是我们党的庄严承诺',这让大连保险业继续行进在保险创新的道路上。"大连保监局局长蔡兴旭表示。

真正实现衍生品金融扶贫、精准扶贫

2017年7月,为落实党中央脱贫攻坚战略部署,加大保险助推脱贫攻坚步伐,大连保监局联合人保财险、大商所和庄河市政府(大连超过50%的低收入村在庄河),面向庄河市1.7万低收入种植户实施保险定向产业扶贫。由人保财险提供"保险+期货"产品,大商所则通过建信期货公司无偿提供200万元,用于扶持上述低收入种植户投保"保险+期货"。

对发达国家的"保险+期货"有深入研究的全球风险协会认证金融风险管理师杨怡然博士,在庄河市的人保财险"保险+期货"大豆种植赔付仪式及培训现场告诉记者,"'保险+期货'项目通过农业保险产品与期货、期权金融衍生品的结合,通过资本市场的手段,将农产品的价格风险转嫁给金融衍生品市场的其他参与者,真正实现了衍生品金融扶贫、精准扶贫的政治责任和服务实体经济的使命担当。"

"此次针对庄河市低收入地区的'保险+期货',以大豆1.3万吨、保险期限4个月为例,此次保险设计方案比照大商所豆-1801期货合约,保险价格为3810元/吨。如2017年8月24日(含)至11月24日(含)的每一交易日豆-1801期货合约的收盘价的算术平均价低于3810元/吨,保险公司就进行差额赔付,即如果最后的算术平均价格为3758元/吨,保险公司就向种植农户每吨赔付52元,这个承保项目最终赔付给种植户67.6万余元。"杨怡然说。

在现场培训提问环节,有个年轻的种植户向杨怡然提问:"保险+

期货"为什么不是按照保险到期日的收盘价为赔付依据，反而是根据一定期限内收盘价的算术平均价作为赔付的基准价格？

听到新时代农民能提出这样专业的问题，杨怡然反而有些兴奋："这样做有两大益处：一是保险在结算时不容易受到市场可能存在的人为操作影响；二是因为标的资产价格在一段时间内的平均值的变动比时点价格的波动要小，减少了波动率风险，是一种便宜的对冲周期性现金流的保险产品……"

"日常，农业保险承担的风险不会凭空消失，而是由保险公司将其集中起来统一管理。其中产量风险需要通过传统的保险机制以及政府补贴和再保险的方式解决，而价格风险则更适合于利用衍生工具在资本市场进行对冲，从而提高补贴效率，减轻财政负担。期权恰好可以为此提供一种更灵活、更安全、更高效的对冲工具。"杨怡然担心种植户不好理解又讲解了一下。

在被问及欧美尤其是美国农业保险相关现状时，杨怡然说，美国政府对保险费用的补贴比例基本上维持在60%的水平，不同险种的补贴也有不同。以基础性保险（主要是自然灾害险）为例，政府通常会全额补贴以提供农民最基本的保障。而附加性保险（主要可以分为价格保险、产量保险和收入保险三大类），政府只提供部分补贴。对于一般性的商业保险，政府是不予补贴的。

看着人保财险"保险+期货"培训现场的种植户与"期货博士"你来我往的热乎劲儿，负责庄河市农发局扶贫工作的副局长都兴日不禁大生感慨："原有的大田保险管天灾（产量风险），现在的'保险+期货'管市场（价格风险），一个保险引来'八方诸侯'，一个科技扶贫项目招来这么多政府部门和跨界金融专家踊跃参与，低收入的农村和农民就需要这样的帮扶！这才是地地道道的真扶贫和万众一心的新作为啊！"

这位每天满脑子琢磨着脱贫项目的农口干部此时难以抑制自己兴奋的心情。

不负新时代 "保险+期货"创新没有尾声

日前,由大连保监局协调、大商所支持,华信期货与中华联合财险大连分公司联合开展的大连地区首个玉米期货价格保险试点项目(大商所C1801期货合约)完成理赔,理赔对象涵盖大连普兰店地区的97个玉米种植大户,理赔金额54.12万元。

"刚开始听到这个项目时还有点顾虑,担心合同约定不能兑现,但想到保险公司和期货公司都是正规的金融机构,觉得还是应该信任他们,现在果然顺利获得理赔了。"在当天举行的玉米"保险+期货"理赔仪式上,普兰店大刘家镇南区村农民刘文双告诉记者,"俺农民就喜欢这管用的保险,我以后还要继续投保。"刘文双参保了813亩玉米,得到了近万元保费补偿。

蔡兴旭表示,2018年1月2日,《中共中央 国务院关于实施乡村振兴战略的意见》提出,要"把更多金融资源配置到农村经济社会发展的重点领域和薄弱环节",要"深入推进农产品期货期权市场建设,稳步扩大'保险+期货'试点,探索'订单农业+保险+期货(权)'试点。"作为国内"保险+期货"首个创新试点地区,大连保险业将积极贯彻党的十九大及《中共中央 国务院关于实施乡村振兴战略的意见》精神及要求,以时不我待和奋发有为的进取精神,在深度和广度上拓宽"保险+期货"在扶贫攻坚及乡村振兴战略伟大事业中的应用空间,为让更多低收入地区农民早日步入小康,作出持续不断的探索和努力!

"'保险+期货'创新始终在路上!"蔡兴旭充满信心地说。

(文章刊载于2018年4月20日《中国保险报》,特约记者李敬伟采写)

Boost Poverty Crucial
Insurance on the Road

助推脱贫攻坚·保险在路上

"仓单质押"化解水产养殖资金周转难题
——保险业支农支小融资项目服务实体经济纪实

"去年遇到台风,我种植的紫菜受到严重影响,导致资金出现了问题,到处筹钱。"家住在福建省宁德市霞浦县的陈武平向《中国保险报》记者提起2016年因台风灾害而四处借钱的事情,略显心酸。2017年,陈武平种植了200亩海带以及其他海产品,7月,他通过'仓单质押'融资保险项目,顺利申请到贷款,"我将种植的海带作为质押物,申请了60万元的贷款,而且利率也低。"

记者从福建保监局获悉,目前,全国只有中国人民保险集团股份有限公司获得保监会审批,开展支农支小融资业务试点。截至2017年8月底,中国人保支农支小融资项目在福建(不含厦门)地区共计发放贷款1050万元,其中向宁德霞浦7个海产养殖户提供1040万元"仓单质押"融资贷款,向泉州南安峰辉综合农产提供10万元融资贷款。

农户资金周转周期与农业生产加工周期存在错位

宁德市霞浦县养殖产业主要有海参、海带、紫菜、鲍鱼、大黄鱼、南美白对虾等品种,不同种类水产养殖周期不同。

人保财险宁德分公司总经理陈文生向记者介绍:"海参暂养和加

工一般是第一年10月从北方调苗，次年4月捕捞并开始加工制作拉缸盐海参，对于养殖户而言，在调苗之前的9月就要筹集苗资，养殖过程中需要耗费养殖成本。对于加工户而言，次年4月要筹资向养殖户收购海参，4～5月需要集中支付工人、水电费用。但是海参市场一般在下半年到春节前后行情较好，加工后的半成品拉缸盐海参需要待价而沽，再加上回款账期因素，会导致资金回笼滞后半年以上。"因此，当地海产品养殖加工户的资金周转周期与农业生产加工周期存在错位。

为了养殖户能在9月、加工户在4～5月时有充足的资金来保证生产加工的顺利进行，福建推出了"仓单质押"融资保险项目。

养殖户或加工户向人保财险宁德分公司或霞浦支公司的融资客户经理申请，由客户经理进行融资前调查，确定是否准入受理，报送省公司审批额度上限，通知客户出质、入库、评估质押物价值、第三方仓储方出具仓单、确定实际融资额度，上报人保总公司进行放款。单户融资金额最高可达300万元，融资利率最高不超过6%，每月付息，到期还本。

"我今年申请的60万元贷款，利率只有5%左右。"陈武平说。2016年通过亲朋好友等民间方式借款，利率算下来有百分之十几。除了陈武平的这种模式外，记者了解到，海产品养殖加工户以往融资都是通过银行申请贷款，但是遇到过月末、季末、年末时，银行贷款困难。

2017年7月，宁德7家海产品养殖加工户，通过仓单质押的方式，从中国人保财险宁德分公司获得1040万元的支农融资贷款。据悉，这是全国首批推出的险资仓单质押贷款，将有效缓解当地农户融资难、融资贵的问题。

引导保险资金支持"三农"和"双创"

"保险资金支农支小融资是保监会支持、推动的一项保险资金服务实体经济试点，'仓单质押'是其中一种贷款模式。"福建保监局相关负责人表示，开展保险资金支农支小融资是保险业助推脱贫攻坚和供给侧结构性改革的有益尝试，有利于探索保险业服务实体经济的新路径，引导保险资金支持"三农"和"双创"，有利于发挥保险保障、资金支持以及农村扶贫数据集合等支农优势，探索精准扶贫新路径，有利于降低社会融资成本，推进供给侧结构性改革，有利于为保险客户提供延伸金融服务，带动农业保险、保证保险等多险种业务发展。

人保财险福建省分公司相关负责人说："保险支农融资不是以盈利为目的的，是人保集团响应中央号召，由国务院和中国保监会批复同意的，创新运用保险资金直接支农的项目，目前国内保险公司只有中国人保可以直接使用保险资金进行支农融资。因此，人保的支农融资定价较为优惠。"

记者了解到，保险支农融资是建立在人保财险的农业保险（政策性保险）、意外保险、财产保险等综合保险保障基础上的，面向的是已办理农业保险或要办理农业保险的农户，以补偿因天灾人祸对农户生产经营造成的损失，从而使农户从事农业生产经营无后顾之忧，减轻农户的还款压力。

接下来，人保财险会针对各个县区、乡镇的农业产业特点，有针对性地开发对接产品，不限于仓单质押模式，也考虑保险加担保、保险加信用等融资方式。

据悉，人保财险福建省分公司目前已与福建省农业信用担保公司达成协议，能有效为福建省农户提供低成本的生产经营资金，为农业生产经营提供更多保险保障。

加强监管　防范系统性风险

"农户申请融资的条件，一是看货，二是看人。质押物质量等级、数量、市价三方面保证质押物足值。申请人是长期在本地从事种养殖、加工的农户，没有不良征信记录、没有不良嗜好。"人保财险福建省分公司相关负责人表示，针对仓单质押存在的几个主要风险环节必须做好风险管控。一是针对质押物入库评估是否足值的问题，需要对质押物进行充分的市场摸底，与公允的评估机构合作，确定合理的评估标准和质押率。二是面对仓库安全看管风险方面，需要落实责任人和责任制、利用现代仓储技术、依托合格的仓储方。三是对于融资申请人的还款能力和还款意愿，必须实地访谈面签，了解客户需求和生产经营状况。四是仓储方的服务和回购担保能力，需要选择准入有实力的仓储方，进行严格的资信调查。

仓单质押融资模式建立在"合适"的质押海产品上，需要选择易于储存、有较明确的质量评判标准、单位价值适中、市场价格有一定的周期波动但总体范围可控的海产品。

据了解，目前人保财险已尝试以拉缸盐海参、海带和紫菜的加工成品、半成品作为质押物的支农融资业务。

从监管层面来看，福建保监局相关负责人认为，就"仓单质押"贷款业务而言也要预防可能存在的违约风险：一是质押物市场价格暴跌；二是借款人自身经营出现问题；三是自然灾害或意外事故；四是生产资金挪作他用，且投资失败。

福建保监局有关负责人表示，保监会在《关于中国人民保险集团股份有限公司扩大支农支小融资业务试点规模的批复》已明确要求：中国人保应当进一步完善投资决策机制和相关制度，加强专业团队建设，优化业务流程，完善信息系统，落实风险责任人的风险管理责任，切实提高业务管理能力；同时进一步加强试点业务风险管控，及时履行报告义务，防控助贷机构风险跨行业传递，守住不发生系统性风险的底线。

（文章刊载于 2017 年 9 月 19 日《中国保险报》，记者梁罗荣采写）

助推脱贫攻坚·保险在路上

有了扶贫保，养羊实现零风险

从2014年起，宁夏盐池县为贫困人口建档立卡，用包括"扶贫保"一揽子保险计划在内的金融手段实现脱贫。要守住扶贫成果，产业扶贫是关键。产业培育受自然灾害和市场价格影响很大，百姓在发展产业过程中，一旦遭受自然灾害或市场通货紧缩，极易致贫返贫。"扶贫保"基本实现了产业发展"零风险"。

在空旷的土公路上飞驰了几十公里后，记者隐约听到"咩咩咩"的叫声，目的地——宁夏盐池县花马池镇李记沟村到了。夏至未至，宁夏的太阳已经火辣辣，几十只滩羊刚刚吃饱，正在羊圈里打盹。眼前的这些羊，除了尾巴长些，似乎与普通羊没啥区别。其实不然，因成为2016年G20杭州峰会上的特供羊肉，盐池滩羊名声大噪，"滩羊之乡"的美誉也远播海外。

村民李树相走进羊圈，想抓一只让记者瞧个清楚，羊群受到惊吓，绕圈快跑掀起漫天尘土，终于一只落单的小羊羔被逮住。李树相把它抱在怀里，爱抚地摸摸它。正是靠着这几十只羊和36亩地，47岁的李树相供两个儿子读书，其中大儿子正在外地上大学。

李树相所在的盐池县是宁夏的9个贫困县之一，全县共有人口17.23万人，其中农业人口14.3万人。按照标准，家庭人均年纯收入不到3150元的被定义为贫困人口，目前盐池县共有11280户34046人为贫困人口。从2014年起，盐池县为贫困人口建档立卡，用包括"扶贫保"一揽子保险计划在内的金融手段实现脱贫。李树相家的滩羊，以及种植的马铃薯、荞麦小杂粮都投保了农业保险，帮助他在灾害发生时弥补成本损失。

以李树相为代表的"散户"，抵御风险具有天然脆弱性。当地政府意识到，要守住扶贫成果，就要从根本上解决持续扶贫的问题，产业扶贫是关键。没有产业，就不能真正帮助农民脱贫。没有产业，今天脱贫，明天还会返贫。

保险正是精准扶贫、产业扶贫的重要助推力量。源丰渊畜产品购销有限公司副经理冯建胜对记者说："对于规模养殖户来说，风险更大，他们不仅担心自然灾害，也担心市场价格波动。公司投保基础母羊保险和羊肉价格保险后，解决了生产经营的后顾之忧。"

人保财险宁夏分公司盐池支公司副经理杨莲介绍，滩羊肉价格保险正是针对养殖户保险需求开发的一个新产品，2016年羊肉价格保险共承保9.3万只羊。此外，盐池县政府根据当地地理和气候优势，大力扶持经济价值较高的"致富菜"黄花，力图打造万亩生态黄花种植基地，人保财险针对此也专门开办了黄花种植保险，助力产业扶贫。

"保险跟进是产业扶贫的关键。"盐池县扶贫办主任范钧对记者谈起自己的切身感受：产业培育受自然灾害和市场价格影响很大，百姓在发展产业过程中，一旦遭受自然灾害或市场通货紧缩，极易致贫返贫。"扶贫保"极大降低了产业发展的风险，实现了产业发展"零风险"。也许正是包括保险在内的金融支持，给了这位扶贫办主任底气。"盐池县计划2017年提前摘掉贫困县的帽子！到2020年实现稳定脱贫，一个都不能落下。"范钧说。

在距盐池县150公里外的"枸杞之乡"中宁县，2017年的头茬枸杞刚刚下来。百亩枸杞林，零星点缀着成熟的头茬枸杞，非常漂亮。中宁县枸杞发展局生产服务站副站长何月红和玺赞生态庄园总经理苏存元带着记者参观了枸杞的生产加工和晾晒过程。

何月红介绍，中宁县枸杞种植面积共有 20.3 万亩，2010 年以前主要以散户为主，2011 年开始转变为企业合作社模式，目前规模种植已经达到 52%，2016 年枸杞的综合产值已经达到 32 亿元。

"暴雨、大风、冰雹等都是中宁县常见的自然灾害，农户年年受灾。人保财险承保的政策性枸杞保险，每亩保费收入 120 元，其中农户自己承担 15%，其余由财政出资。枸杞保险目前已经覆盖了 95% 以上的种植面积，这些年的赔付率都在 100%。"何月红说，枸杞保险对枸杞的生产、加工和经营所起到的保护作用，大家有目共睹。中宁县的枸杞产业未来要实现大发展，产量和品质要有所保证，保险是不能缺位的。

"如何发挥保险独特的风险保障、风险管理功能，是保险业应该认真思考的问题。"宁夏保监局局长张雪峰说。用保险守住来之不易的扶贫成果，这对保险业提出了更高的要求。他透露，保监局正敦促当地保险机构开发更多有针对性的扶贫保险产品、扩宽保险服务范围，真正让保险成为扶贫的长效手段和机制。

（文章刊载于 2017 年 7 月 18 日《中国保险报》，记者李画采写，史方舟摄影）

第二部分
产业扶贫

人保财险工作人员向农户介绍 2016 年的滩羊保险

李树相介绍自家的滩羊

农户李树相赶着羊群

李树相向保险公司工作人员介绍羊群情况

源丰渊畜产品购销有限公司的工人正在翻整羊饲料　　养殖户正在剪羊毛

第二部分
产业扶贫

滩羊是盐池县的特产,更是当地重要的经济来源

源丰渊畜产品购销有限公司的养殖基地里,保险公司工作人员查看承保羊群

第三部分
补位扶贫
Fill a Poverty Alleviation

安徽人保财险：为精准扶贫提供一揽子服务

"幸亏保险公司给赔了2万元，让俺们渡过难关。"近日，安徽省阜阳市太和县税镇镇孔寨村贫困户孔令喜站在自家的新房里，不住地感慨"精准扶贫综合保险"给他帮了大忙。

2017年底的一个晚上，孔令喜家中疑似因电路老化失火，几间土坯房被烧毁。后来，在村里扶贫干部的帮扶下，孔令喜用保险赔偿金和危房改造资金又盖了3间平房。2018年春天，搬进新房的老孔夫妇开启了新生活。

2017年6月，人保财险安徽省分公司在帮扶村——太和县税镇镇孔寨村试点"精准扶贫综合保险"，为全村144户306名贫困人口提供了全方位扶贫保险保障。人保财险安徽省分公司总经理董晓朗说："'精准扶贫综合保险'保障面大，既有健康险，又有财产险，还有农业险，基本能够化解影响贫困人口脱贫的各类风险。"

抓住需求　找准保险扶贫切入点

能否把有限的扶贫资金投放到每一个贫困人口手中，进一步放大扶贫资金的效果，是确保扶贫政策落地的关键。

董晓朗介绍，孔寨村"精准扶贫综合保险"试点开办以来，人保财险安徽省分公司已累计处理理赔案件133起，向贫困人口支付医疗费报补、大豆内涝、家财火灾赔款6.3万元，简单赔付率近100%。

在 2017 年 10 月的暴雨灾害中，孔寨村扶贫经济作物遭受严重内涝，损失较大。公司第一时间邀请农委专家赶赴现场，了解损失情况，确定以市场销售价格为依据的赔偿方式，最大限度地补偿受灾农户损失，并在数天内将理赔款支付到 102 户受灾贫困户手中。

由于试点取得良好效果，2018 年 3 月底，人保财险安徽省分公司与太和县政府达成"精准扶贫综合保险"全县统保项目意向，并于 4 月 12 日正式签订协议，为全县 14.8 万建档立卡贫困人口提供涵盖种植养殖风险、财产风险、光伏发电设备风险、意外伤害风险、疾病住院风险等在内的一揽子保险保障，保险金额近 600 亿元。

比保障全面更重要的是"精准扶贫综合保险"在建立"助力脱贫、防止返贫"的长效机制方面进行了有益尝试。

针对贫困人口安徽省外就医无法获得"351""180"保障这一扶贫政策的"真空地带"，"精准扶贫综合保险"在贫困人口享受健康脱贫政策的基础上，进一步报销个人自付部分，每人最高报销金额 30 万元。

太和县税镇镇贫困户史明高回忆称，2017 年他因冠心病两次入院治疗，在享受相关健康脱贫政策报销后，又分别得到 2000 元、600 元的理赔，减轻了家庭负担。

此外，"精准综合扶贫保险"还突出了在产业扶贫项目上提供的保障。比如，政府对贫困人口扶持的产业扶贫项目，因自然灾害或意外事故导致损毁、灭失的，赔偿额度是政府扶持贫困人口产业脱贫投入资金的 2 倍。贫困人口扶贫项目所养殖的牲畜死亡的，按照市场价进行赔偿；政府对贫困人口扶持的扶贫家用光伏设备发生损失的，最高赔偿 2.5 万元／台，设备无法发电造成停产损失的，按照 15 元／天（最高 30 天）给付赔偿。

服务到位　探索精准扶贫新举措

"为了让贫困人口享受到更贴心的保险服务，人保财险安徽省分公司提供全天候接报案和查勘调度服务，30分钟内与报案人取得联系，12小时内安排人员完成灾害事故现场查勘或了解就医情况，并在约定时间内准确核定损失，通过简易程序第一时间将赔款或医疗报补费用直接支付到贫困人口银行账户"。董晓朗说。

目前，太和县在各乡镇村配备扶贫专干340余人，这些人经过培训后成为人保财险的协保员，进一步向村级一线推动保险服务。此外，人保财险安徽省分公司还开发完成了"人保扶贫APP"，旨在为扶贫专干提供移动协助报案工具，提高工作效率和理赔时效，实现在线对扶贫政策、理赔情况的宣传或公示，掌握案件处理情况，接受对保险服务的意见建议和投诉，并通过极端天气提醒等在线客服功能，实现有效的防灾减灾。系统还支持贫困人口基本状态的查询维护，实时掌握扶贫工作进展情况，及时了解脱贫人口数量等信息。

"我们将以太和县试点为契机，总结经验，完善方案，争取2018年向全省推广实施。力争到2020年实现贫困地区保险服务到村到户，贫困人口愿保尽保，生产生活得到全方位保障"。董晓朗说。

（文章刊载于2018年5月10日《中国保险报》，记者张爽，通讯员陈亚鹏、齐秋珍采写）

第三部分
补位扶贫

幸亏有了这些救命钱
——云南保险业探索医疗救助扶贫新途径

刚见到55岁的李吉昌时,《中国保险报》记者立即被他腿上那道巨大伤口惊住了。前两个月,由于山体滑坡,他从山上摔下来,左腿膝盖以下被石头砸中,被送往昆明的医院进行手术。

李吉昌住在云南省昭通市巧家县老店镇老店村,此地处于乌蒙山腹地,属于典型的高寒山区,土地贫瘠,生态恶劣,经济落后,是全国最贫困的地区之一。

从这里到昆明,路况非常差,至少一半路程不是柏油马路,只有砂石泥泞混杂在一起的"初级路"和"原始路",晴天尘土飞扬,雨天路面湿滑,时常因山体滑坡和泥石流而断路。驱车走在这样的路上,头上是百丈高的山崖峭壁,脚下是激流翻滚的金沙江,前方到处是陡坡和急弯,令人心惊肉跳。为了去昆明的医院治疗腿伤,李吉昌搭车走这样的路途要花去一天的时间。

李吉昌操着浓郁的方言告诉记者,自己为治腿已经花了一大笔钱,给本已贫困的家庭增添了沉重的负担,以致大儿媳因承受不住医疗重压而离家出走了。

探索引入商业保险机构

李吉昌的境遇在当地绝不是个别现象。

昭通市位于云南省东北部,属于云南省、四川省、贵州省三省结合部，2015年人均GDP为13165.03元，排在云南省最后一名。昭通市有10个县是国家级贫困县，贫困人口在云南省最多，达82万余人，其中低保对象约74万人，五保对象两万多人，因病因灾返贫致贫的现象尤为突出。

针对当地贫困人群就医困难、医疗费用压力大的问题，特别是医疗救助不及时、需求与救助矛盾突出、工作与管理手段落后等痼疾，民政部、财政部以及云南省民政厅、财政厅等近年来下发相关文件，尝试改革完善城乡医疗救助制度，在昭通市开展民政医疗救助定点医疗机构"一站式"结算的试点项目。

昭通市政府及民政部门改革现有做法，探索引入商业保险机构，通过购买保险产品的方式为困难群众提供医疗救助服务。人保健康昭通中心支公司与昭通市民政局签署"民政医疗救助团体补充医疗保险合作协议"，自2010年1月1日起，在昭通市盐津县和水富县试点开办民政救助医疗保险，不用救助对象个人缴纳保费，而由当地民政局利用民政医疗救助资金统一缴纳，救助对象每人30元。救助对象生病住院，通过城镇居民基本医疗保险和新型农村合作医疗报销后，人保健康按照个人自付部分的45%给予赔付。

人保健康昭通中心支公司业务负责人蒋忠荣告诉记者，这个项目试点第一年累计赔付422人次，赔付111.24万元。由于试点效果好，民政救助医疗保险推广到了昭通全市，保费仍由民政医疗救助基金缴纳，低保优抚人员无须缴费。保障范围与城乡居民基本医疗保险、大病保险的可报销范围一致，不设起付线，按照参保人就医医院的级别制定差别赔付的标准，个人自付医疗费用按乡镇卫生院45%、县级医院40%、市级医院35%、市外就医30%的比例进行赔付。

随着民政医疗救助保险的逐步展开，救助人次越来越多。目前，这一民政救助医疗保险项目服务人群达到82万余人，也就是说，已实现对昭通市 1 区 10 县贫困人口的全覆盖。

有效降低贫困户医疗负担

民政救助医疗保险到底能发挥什么作用？采访中记者了解到，首先，能降低困难群众个人医疗费用负担。2012—2015 年，为城乡困难人群建立的"基本医疗保险＋大病＋民政救助医疗补充保险"多层保障的民政医疗救助体系，在这部分低保优抚人群生病住院时，基本医疗保险报销后，个人医疗费负担比例约为 34.89%，民政救助医疗保险补偿后，个人医疗费用负担比例约为 25.23%，下降 9.66 个百分点。

以李吉昌为例，保险公司在得知他的境遇后主动上门理赔。他第一次去昆明住院后回到昭通，进行了"一站式"结算，主要包括三部分：按照新农合基本医疗费用的标准，一次性报销了 4 万余元；走新农合大病保险的费用，报销了 1.4 万元；民政医疗救助保险的理赔费用，一共收到了 4 笔钱，共计 5000 多元。

李吉昌诚恳地向记者表示："保险公司付给我的这些钱，对我们这么困难的家庭帮助很大，幸亏有了这些救命钱，太及时了！也许在大城市这些钱不算多，但对我们家来说太有用了，每一分钱都用在刀刃上。而且，付给我钱的时间比早先快了很多，方便了很多。"

老店镇镇长陈华介绍，引入保险机制之前的传统救助模式是："救助对象申请，村委会核实，乡镇审核上报，民政局审批，乡镇发放资金"。这样的做法存在一系列问题。

保险公司参与进来后，改变了原来的救助方式，由保险公司按照保险合同的约定、为贫困对象提供救助，使救助资金使用到真正看病、真正有医疗需求的贫困人员身上，提高了救助精准度。而且，减少了审批程序，扩大了救助覆盖面，规范了救助对象，统一了救助标准，从"医后救助"方式向"医前介入、医中救助、医后结算"方式转变，缩短了救助时间，使救助对象出院时即可办理救助。昭通市民政救助医疗保险的人次与受益面逐年扩大，从 2012 年救助 1.62 万人次，到 2013 年救助 6.06 万人次、2014 年救助 10.43 万人次、2015 年救助 12 万人次，越来越多的城乡困难人群切实感受到了这一救助医疗保险制度带来的实惠。

随着试点的推广，救助政策从原来的县级统筹救助上升到市级统筹，并且实行"有差别缴费，无差别救助"的方式，各县区依据救助资金实际使用情况缴费，全市统一了救助标准和封顶线，提高了救助资金的抗风险能力，促进了救助公平。

探索保险精准扶贫新路径

民政救助医疗保险与基本医保、大病医保、医疗救助互补联动，有效提升了贫困地区群众的医疗保障水平。2014 年，人保健康承保巧家县特困群众 76838 人，赔付 7093 人次，赔款支出 224.5 万元，保险的大数法则和经济补偿功能得到较好体现，为精准扶贫、精准脱贫提供了新路径。

5 年多来，人保健康云南分公司累计为 30.1 万人次城乡困难群众提供了医疗救助补偿服务，累计赔付资金达 1.2 亿元，有效缓解了参保群众"因病致贫、因病返贫"问题，探索出了一条运用保险机制助力扶贫攻坚工作、实施精准扶贫工程的新路径，得到各界高度关注。

2015 年 12 月，国务院相关领导对此批示："瞄准建档立卡贫困人口，发挥保险作用，仍然大有作为。如何推广先进经验，贯彻好中央扶贫开发会精神，希望继续努力。"

据介绍，下一步，人保健康将瞄准建档立卡贫困人口，发挥保险作用。利用民政医疗救助系统的统计数据，对大额和多次救助人员进行登记分析，定期向昭通市民政局汇报，为建档立卡贫困人口健康扶贫提供数据参考。同时，总结"昭通经验"的成功做法，分析内在运行机制，加强与民政、财政等政府部门的横向沟通，积极向其他州市推广。

（文章刊载于 2016 年 10 月 24 日《中国保险报》，记者康民采写）

助推脱贫攻坚·保险在路上

这个保险就像我的孩子

"患者家属抓紧过来签字,手术马上要开始了!"位于北京市朝阳区德胜门外安翔北里9号的306医院外科手术室外,这样的声音每天都会数次响起。通常医护人员的话音还未落,患者的父母子女或爱人就已冲到医护人员面前接过那支笔。

但每一次经过仅一街之隔的306医院时,早已退休在家的高宇阿姨都会感到深深的恐惧。

"自从孩子走了以后,我们的婚姻也就结束了。虽然哭过无数次,但一直坚信自己一定能熬过去,只是当身体突然变差甚至要去手术的时候,才意识到自己不但老了,而且真的不是所有事情都能自己解决,比如,当手术需要直系亲属签字时。"高宇说。

虽然因单位破产,每月只能领到微薄的退休金,但与大多数失独的人相比,高宇无疑是幸运的。"父母都是高级知识分子,他们心疼我也理解我,所以孩子走了以后,我就搬回来住了。"在高宇看来,闲暇时跑跑步、旅旅游,推着父母在小区转转,就是最好的日子。

"一定要让他们的心里宽敞些!"在长期关注特殊人群的北京市朝阳区亚运村街道计生办邓澄看来,失独人群需要像高宇这样找到心理调适的手段。为此,邓澄和辖内各社区联系人一起,每年都会定期或不定期地开展插花、烘焙等兴趣班,重要的节假日除了一起包饺子、搞联欢外,还会带大家一起去采摘、旅游。

"除了通过活动帮助大家发现、培养新的兴趣爱好外,还会提供专门的心理咨询以及相关的家政服务,但街道和居委会能做的确实有限，比如，当他们倒在床上不能动但又需要端茶送水时，我们就不可能随时出现。"在邓澄看来，当前的现实语境下，就失独这类特殊群体而言，"防老"已远胜于"养儿"。

"父母都是马上就90岁的人了，平时下楼转转都要我用轮椅推，所以，当我的半月板撕裂疼到实在坚持不了必须去做手术时，我发现我要面临的问题实在太多了，除了哀求医生让我自己给自己签字之外，还要面对3个月不能下床谁来照料我的问题。"高宇说。

民之所望，施政所向。各级政府在如何化解失独这类特殊群体的现实需求上坚持多措并举、积极行动。比如，朝阳区卫计委就借保险之力主动作为，与中国人保寿险合作推出了专门针对失独家庭的"安欣计划"。

具体来看，"安欣计划"旨在解决失独家庭老人在医疗、护理等方面的切实困难。换言之，就是当失独老人在生病或失能时，在一定额度内可享受到医疗费用报销、自费药报销、住院护理以及家政健康管理等服务。

实际上，从项目提供的具体承保内容来看，该计划在本质上更类似于长期护理保险。比如，当失独老人在住院或失能时，可在家或医院享受到专业的第三方服务机构提供的家政服务，家政服务费用只要经老人确认，中国人保寿险就会在保障额度范围内直接与第三方服务机构结算，且当年的额度如未用完还可顺延至下一年。

"该项目是我们公司长期致力于精准扶贫的必然结果。"中国人保寿险互动业务部总经理助理齐维珊在接受《中国保险报》记者采访时表示，自2011年人保集团和北京市政府签署全面战略合作协议后，寿险方面便分别从人的生命周期所要经历的每一个阶段着手，与相关政府部门积极沟通。

"作为中央企业，如何积极承担社会责任是我们一直在思考和探索的问题。我们在服务民生方面早有关注和探索，因此，第一个项目在合作协议签署后第 3 个月就落地了。" 在齐维珊看来，不管是此前已持续提供了多年保险服务的"暖心计划""安康计划"，还是去年在海淀区推出的长期护理保险试点，抑或是此次在朝阳区推出的"安欣计划"，都是保险业以创新服务方式在积极协助社会破解相应的难题。

当然，好事如何做好无疑是考验相关各方的标准。为了让"安欣计划"真正惠及当地失独家庭，以邓澄为代表的政府方面积极协调各居委会，挨家挨户通知到每一位老人，协调场地和时间，请承保公司工作人员逐条讲解，在确认每位老人都可准确无误地理解自己所享有的权利后，还将人保寿险专门定制的简要版保险服务说明小卡片发到老人手中，便于老人放在随身携带的小包里。

"动不了的时候拿着它就能有人照顾，这个保险就像我的孩子。"高宇说。

"如何借用保险这一工具来解决特定社会背景下产生的特殊人群的社会问题，这类探索在全国范围内已越来越多。"齐维珊说。

记者梳理发现，人保寿险除在北京外，也在全国其他地区开展了诸多精准扶贫助困工作。比如，吉林为计划生育特殊家庭提供的"护工补贴·亲情援助"、宁夏推出的"安宁保"、湖南推出的"扶贫特惠保"、黑龙江向低保人员推出的团体小额定期寿险等业务，均取得了良好效果。

（文章刊载于 2017 年 7 月 27 日《中国保险报》，记者赵广道采写）

第三部分 补位扶贫

记者手记：失独不失爱

数伏后的北京时常有雷雨侵袭，闷热潮湿的空气总让人感觉很不舒服。近日在北京市朝阳区安翔里的一栋老旧住宅里，面对高宇时，记者的心情更是异常煎熬。虽然这次有关失独家庭的采访已约了两年有余，但当真正面对他们时，记者却已不知如何开场。

作为一名失独的母亲，高宇坐定后未说一句话便已泣不成声。当眼里已不能再淌下泪水时，她反复地说："我想过很多次，父母离开的时候我也就该离开了。"

在中国这样一个传统氛围浓厚的社会环境下，失独对一个家庭和家庭中的个体的打击无疑是致命的。毕竟，除了心灵的煎熬之外，当他们逐步失去自我照顾能力时，生活如何继续，将实实在在地考验着亲情和爱情，也考验着政府部门的应对能力。如何保障好他们的长期护理需求，化解他们的后顾之忧，无疑是其中最为关键的一环。

实际上，在老龄化快速来临的背景下，长期护理保险得到了空前重视。2016年6月，国家决定在15个地区开展长期护理保险试点，逐步探索适合中国国情的长期护理保险模式。截至目前，已经在青岛市、南通市、长春市、上海市以及北京市海淀区等多地启动了试点工作，虽然模式各异，涵盖人群不同，但鉴于各试点地区的财力和人口结构不同，目前尚未有单独针对失能老人的长期护理保障制度出现。而现实中，与普通家庭的失能老人相比，尽快建立健全失独家庭的长期护理保障制度无疑是更为紧迫的。

根据相关规定，通常将失独家庭定义为独生子女去世且母亲年龄超过49周岁的家庭。公开数据显示，中国15岁至30岁的独生子女总人数约有1.9亿人,这一年龄段的年死亡率为万分之四,因此每年约产生7.6万个失独家庭,以此计算,中国的失独家庭至少已超百万。面对如此庞大的已经或即将老去的特殊群体,如何让他们的晚年生活得更有尊严?此次北京市朝阳区推出的"安欣计划"或可看作破题之举,正如高宇所言,"动不了的时候拿着它就能有人照顾,这个保险就像我的孩子"。

失独但不应失去爱。期待各地都能尽快构建起切实可行的长期护理保险制度,让每个人都能在老去的时候感受到保险的温情、享受到政府的关爱。鉴于当前各地财力不同,全面长期护理保险制度的建立不可能一蹴而就,但优先构建起类似失独家庭这类特殊群体的长期护理保险制度,应是迫在眉睫之举。

当然,这不仅需要政府的全力支持,也一定离不开保险人的责任和担当。

(文章刊载于2017年7月27日《中国保险报》,记者赵广道采写)

第三部分 补位扶贫

河南人保健康打造"特惠制"大病补充医保

日前,人保健康河南分公司(以下简称河南人保健康)提供的最新统计数据显示:截至 2017 年 8 月 31 日,河南省 25.22 万人享受大病补充医疗保险待遇,已支付 17.04 万人,支付资金 2.59 亿元;困难群众医疗费用报销水平在基本医保、大病保险基础上平均提高了 9.36 个百分点,大额重症患者报销水平最高提高了 28 个百分点。该公司走出了一条服务地方医疗保障体系建设、助力保险精准扶贫的新路子。

据了解,2014 年,河南人保健康探索开展焦作市困难群众大病补充医疗保险。2016 年,河南人保健康积极协助焦作市政府完善该项目方案,并推动在全省推广复制。

聚焦因病致贫,搭建一体化服务平台

2014 年,河南人保健康协助焦作市政府探索建立了专门针对贫困人群的商业保险医疗救助制度:由市、县两级财政共同筹资 1020 万元,在基本医保和政府医疗救助的基础上,按照"普惠制"原则为近 15 万名城乡困难群众个人自付医疗费用提供进一步补偿。2014 年,商业保险医疗救助制度在基本医保、大病保险报销基础上,将困难群众报销比例平均提高了 14.96 个百分点,使患者合规医疗费用整体报销比例达到了 97.9%。

制度设计以"保障最需、精准扶贫、兜住底线"为原则,以解决困难群众因贫看不起病、因病加剧贫困等问题为目标,通过"特惠制"的设计,"三重"聚焦,实现对困难群众的精准扶贫。一是精准识别保障对象,聚焦城乡困难群众,集中保障城乡最低生活保障对象、城市"三无"人员和农村"五保"供养对象,以及县级以上人民政府规定的其他特殊困难人员。2016年,共核定困难群众14.5万人。二是聚焦大额重症患者,合理设计起付标准。在综合分析当地最低生活保障标准、基本医保和大病保障水平及医疗负担水平基础上,以个人自付合规费用3000元作为补充保险的起付标准,让有限的资金发挥最大保障效用。三是累进比例给付,提高大额负担患者报销比例。结合大病保险起付标准,对患者个人负担费用分段按40%~90%比例累进给付报销,达到患者负担越重保险报销比例越高的效果,从制度上确保负担较重的患者得到充足保障。

为保障大病补充保险的持续稳定运行,需要对基金管理进行科学统筹,建立风险共担机制。一是建立稳定可持续筹资机制。保险资金由市财政局按人头统一筹集划拨,2016年每人每年100元,市、县(市)区财政按3:7的比例共同承担。同时,建立筹资标准动态调节机制,每个保险年度结束后,根据国民收入增长率、社会卫生费用增长率等指标,对筹资标准实行动态调整。二是保险基金市级统筹,全市统一保障标准、统一使用,提高基金抗风险能力。三是建立风险调节机制。按照收支平衡、保本微利的原则,与政府建立风险共担机制。年度内理赔支出低于94%的结余部分纳入大病补充保险"累计盈余资金"管理,实现以丰补歉;超过94%的部分,由市卫生计生委组织相关部门和单位审核评估,其中,超出部分6%范围内的由保险公司自行承担,6%以上部分通过"累计盈余资金"补充,不足部分由政府补贴。

在医保、医疗等部门的支持下,河南人保健康充分发挥专业技术优势,加强对医疗机构服务行为的监管,合理控制医疗费用,提高基金使用效率。一是严格执行分级诊疗制度。在医保、新农合定点医疗机构中确定了149家基层医疗机构、二级医院、三级医院作为困难群众大病补充医疗保险定点医院，同时严格落实基层首诊和双向转诊制度，引导患者合理有序就医。二是严格控制不合理医疗费用。加强对医疗机构服务行为监管和不合理费用审查，严格限制定点医疗机构报销范围外的医疗费用比例，分别对基层医疗卫生机构、二级医院、三级医院报销范围外医疗费用超过医疗总费用2.5%、10%、20%的部分不予报销，由医疗机构自行承担。三是依托联合办公队伍和社保专属业务系统，加强以"医疗巡查、医疗干预、医疗审核"为主的过程管理，规范诊疗服务行为，降低基金不合理支出。

针对困难群众遍布河南城乡各地、分属不同基本医保制度的情况，河南人保健康专门开发大病补充医疗保险信息系统，通过主动与新农合、城镇居民基本医保、民政医疗救助的信息系统对接，实现基本医保、大病保险、大病补充保险、民政救助多层次保障制度间诊疗数据共享和医疗费用直接结算，为患者提供方便快捷的一站式即时结算服务。

为从源头上防止或减少因病加剧贫困的情况发生，在向困难群众提供大病补充保险服务的基础上，河南人保健康进一步延伸健康保险服务链条，协助签约服务团队为城乡困难群众提供健康教育、健康咨询、慢性病管理等健康管理服务，实现"健康保险＋健康管理"的结合，不断提升困难群众的健康意识。

赔付医疗费用超2000万元，有效缓解因病致贫返贫

经过近两年的探索与实践，焦作市困难群众大病补充保险累计完成赔付2.3万多人次，赔付困难群众医疗费用2031多万元，有效缓解了困难群众看病就医和因病致贫返贫问题，得到政府、社会和参保

群众的认可。

大病补充医疗保险实施以来，困难群众疾病经济负担明显减轻，患者个人自付医疗费用比例显著降低。以参加新农合的困难群众患者为例，经新农合和新农合大病保险报销后，合规费用在1.5万元以下的，通过大病补充医疗保险赔付，报销比例平均提高10个百分点，合规费用在1.5万元以上的平均提高15个百分点。经过多层次保障，一些高额医疗费用患者个人合规医疗费用负担比例降至10%左右，负担明显减轻。

河南全省推开，造福困难群众

2016年12月26日，在焦作试点的基础上，河南省政府办公厅下发《关于开展困难群众大病补充医疗保险工作的实施意见（试行）》，于2017年1月1日起在河南省全面推开执行。

困难群众大病补充医疗保险在焦作项目方案基础上，进一步进行了完善。一是保障对象进一步扩大受益面，将扶贫部门管理的建档立卡人员全部纳入，同时增加了民政部门管理的困境儿童。2017年，保障对象共计纳入困难群众1055.96万人，系统核准804.97万人，人均保费60元，由省、省辖市、县（市）财政按3∶3∶4的比例分级承担，保费合计4.8亿元。二是保障比例进一步向大额重症患者倾斜，在降低大病保险起付线下段报销比例10个点的基础上，取消了大病补充保险的报销封顶线。三是调整承办机构盈利率，以保费的5%作为承办费用。河南人保健康作为焦作项目的先行者和探索者，实现全省独家承保。

困难群众大病补充保险作为2017年河南省政府十项民生实事的头等大事，备受各界关注。河南人保健康采用准事业部管理方式，近

300名联合办公人员迅速配备到位，全省159个服务窗口按期开始服务，办公设备随人配套，宣传展板、宣传彩页、医院引导标识等短时间内全部发放到位，理赔工作迅速展开。

目前，整个项目运行平稳，政府认可，困难群众满意，达到了预期效果。

（文章刊载于2017年9月22日《中国保险报》，记者叶珏珑采写）

> Boost Poverty Crucial
> Insurance on the Road

助推脱贫攻坚·保险在路上

民生保险惠民生
——人保财险苏州市分公司对症"因病返贫"精准发力

人保财险苏州市分公司农村保险事业部负责人近日向《中国保险报》记者透露，截至 2017 年 8 月，该公司开办的村级民生保险（重疾补助险）已惠及苏州近百万村民，引来各方关注。

村级民生保险应运而生

据了解，苏州市震泽镇朱家浜村属于经济薄弱村。人保财险在该村走访中了解到，一些家庭困难的老人得了病也不去看，因为前期的住院费（食宿、交通）都交不起，要去借钱。为此，人保财险吴江中心支公司（以下简称吴江人保财险）和镇上、村上作了沟通，村委也认为可以单纯做扶贫性的重疾保险，先从村开始，再到社区，和原来的保险不重复、不交叉。

于是，吴江人保财险和朱家浜村委商讨，开发一款民生重疾保险。2015 年 11 月，吴江人保财险在全国率先推出村级民生保险（重疾补助险），并于 2016 年在苏州进行试点。该险种保费由村委会为村民统一支付，以村为单位，村属户籍人口皆为被保险人。保险期间，村民首次确诊为重大疾病、因重大疾病住院或身故，均可享受相应的救济补助。重大疾病补助范围涵盖恶性肿瘤、急性心肌梗死等 25 类疾病。首次确诊补贴 3000 元，住院最高补贴 3000 元，疾病身故补贴 2000 元，最高可以拿到 8000 元赔付。

从"大水漫灌"转向"精确滴灌"

吴江区桃源镇党委书记石荣对保险扶贫有自己的见解：保险是政府扶持的补充，给老百姓多了一份保障，比如农村意外险每人保费 10 元，意外可以赔付 5 万元。2016 年，人保财险又推出村级重疾补助保险，一旦确诊患者患有大病，就先行进行赔付，解决老百姓及时就医的问题。

苏州市委党校副教授程晔认为，从苏州部分农民发生贫困的原因来看，正所谓"脱贫三五年，一病回从前"，疾病成了许多农民返贫的主要原因之一。苏州算是经济比较发达的地区，生活条件相对还不错，但"因病致贫、因病返贫"的不在少数。因此，保险参与精准扶贫十分必要且大有可为。

保险参与精准扶贫，方式方法很有讲究。吴江人保财险推出的村级民生保险，延续了苏州以往的成功经验，采取了保险公司与当地政府合作的方式，由政府为贫困居民全额支付保险费或补贴部分保险费，再由保险公司市场化专业化运作。

为精准扶贫注入保险力量

人保财险苏州市分公司总经理沈丽敏介绍说："从老百姓的角度，我们走访了一些困难户。现在国家保障也很多，但有些还不够完善，有些是非社保的、保外的，或者有些人看病去省外，这是运行的一个困难。"

记者在走访中了解到，苏州"三农"工作的短板在薄弱村，即使在经济发达的苏州乡村，也还有一定比例的"双特"人员。"双特"人员，一是指"特定人员"，包含民政局认定的困难人员、总工会认定的特困职工、残联认定的重症残疾人、18周岁以下的少年儿童。二是指"特殊病症"人员，包括白血病、血友病、尿毒症、恶性肿瘤、器官移植和脑瘫等8个病种，"因病致贫、因病返贫"的不在少数。

而"江南福地"常熟，根据民政局统计资料显示，当地低保对象有3500多人，重度残疾人3000多人，再加上低保边缘、农村"五保""三无"对象1000多人，以及因病、因灾或因遭遇突发事故导致短期支出过大，超出家庭承受能力，实际生活水平低于基本生活保障标准的急难型家庭，总共有1万多困难人口。

人保财险推出村级民生保险，可以让老百姓看病住院的开支通过保险先解决一部分，马上有钱去住院，住完院还可以得到住院补贴，这实际上是大额合作医疗的补充。目前，农村大额医疗报销比例不到70%，加上村级民生保险重疾补助，可以达到85%以上，再加上年底大病医疗补助，老百姓基本上可以看得起病。

同时，人保财险组建了专业的服务团队，打通服务"最后一公里"，村民得到了实惠和保障，村里也节省了精力，实现了"共赢"。

2016年，常熟市虞山镇渠中村为全部村民投保了"福地惠民"村级民生保险。该村66岁的村民冯永元告诉记者："村里又为我们老百姓办了件实事。我哥哥已经享受到了实事带来的福利，前几天他住院5天就拿到了500元的住院补助。"冯永元讲的实事就是指这个保险。

"在保险公司介绍险种的时候，我们认为这个险种是对精准扶贫工作的补充，大家的第一感觉很好。当这件事情报到村两委及村重大事项决策领导小组，计划用村级财力为村民购买村级民生保险时，大家一致通过。这也是我们村党总支用实际行动践行'两学一做'学习教育精神。"渠中村党总支书记陈飞说。

第三部分
补位扶贫

扶贫保险步步升级

苏州大学商学院教授姚海明说:"扶持就业、创业是脱贫的'标准路径'。面向大综拓、大服务、大农村,保险精准扶贫任重道远。但我们欣喜地发现,越来越多的保险主体正在加入。"

苏州从2006年开始推广农业保险,逐渐形成了民生保险苏州模式保障体系。十多年的发展历程,见证了苏州保险业践行保险精准扶贫创新与升级的脉络:昆山着眼普惠制政策性民生保险,补位推出提升保障方案"和谐家园"保险;常熟有"福地惠民"保险;张家港有"幸福港城"保险;吴江有"乐居吴江"保险……民生保险硕果累累。

而村级民生保险这一保险项目是人保财险苏州市分公司在商业保险参与精准扶贫方面的新探索,是健康扶贫、补位扶贫的新举措,对其他地区具有重要的示范意义。

(文章刊载于2017年9月25日《中国保险报》,记者祖兆林采写)

Boost Poverty Crucial
Insurance on the Road

助推脱贫攻坚・保险在路上

真心感谢大病保险

或许有人曾经在天涯社区看到过一则"8岁杨信的生命不可以有句号"的帖子，这个帖子的发起人是"小马公益"的负责人，他在为一名儿童募集手术费。

2014年10月，家住贵州省黔东南自治州剑河县岑松镇展亮村一组的8岁小男孩杨信被确诊患有"再生障碍性贫血（重症）"，需要进行干细胞移植，经医院检测，父亲杨老九与他的骨髓符合，但是手术费用就要25万元。

25万元对于一个平均年收入不足5000元的家庭来说简直就是天文数字，更何况杨老九又是个残疾人，妻子也没有文化。为了给杨信治病，父母把家里能够变卖的东西都已经卖光，借了亲戚朋友3万多块钱，还把家里唯一的房子抵押给了银行，但是所能凑到的钱还不到手术费的三分之一。还好，他们在小马公益的帮助下筹集到了手术费，并于2014年末在重庆市第三军医大学新桥医院顺利进行了骨髓移植手术。

由于手术周期长，且后期的维护还需要更多的费用。杨信一家靠着社会资助和四处借钱艰难地度过了2015年。2016年1月，黔东南自治州为全部新农合参保人群办理了大病保险。

这个保险像一场及时雨，有效缓解了杨信一家的焦灼。"我们不能靠社会救助过一辈子，真心感谢大病保险制度。"杨老九告诉《中国保险报》记者，2016年新农合大病保险运行后，除了新农合的补偿外，还收到了人保财险公司的7次大病保险赔付，共7146元，他们自已支付的医疗费用越来越少了。

据人保财险贵州分公司相关负责人介绍，2017年在原保障基础上大幅下调了赔偿起付线，一般农户起付线5000元，精准扶贫对象和建档立卡贫困人口起付线3000元，并在原分段报销比例上分别提高10%，最高赔账比例达到90%。在适用范围上，将"从病种"改为"从金额"，以医疗费金额作为赔偿依据，这些措施极大解决了农户医疗负担。2016年，剑河县新农合大病保险补偿各类大病患者2425人次，补偿总额378.25万元；2017年1月至7月，补偿各类大病患者1763人次，补偿总额357.16万元。

"儿子现在好多了，已经回到了学校继续上学。之前每个月需要5000多元的医药费，从今年起，每个月只要2000多元，而且可以全部报销了。"杨老九说。

生命没有句号，拼搏也要继续。杨老九表示，虽然自己之前在外出打工中被化学物品炸瞎了一只眼睛，但是还可以打些零工挣钱，妻子也去广东汕头的玩具厂打工了，他们借的钱已经还了13万元，还差8万元就可以还清，希望儿子以后可以快乐地生活。

"在推进在剑河县建立慢性病兜底救助保险及长期护理保险，在基本医疗保险、大病保险、医疗救助"三重医疗保障"的基础上，剑河县探索新增了慢性病医疗兜底救助和目录外药品补助，着力构建慢性病医疗兜底救助'第五重医疗保障'。"人保财险贵州分公司相关负责人表示。

（文章刊载于2017年11月7日《中国保险报》，记者朱艳霞采写，史方舟摄影）

Boost Poverty Crucial Insurance on the Road

助推脱贫攻坚·保险在路上

杨信在课堂上

记者来到杨信家中,杨信父亲所做的第一件事就是展示多年前的全家福,那时他还没有受伤、杨信也还没有生病

杨信的父母查看杨信的诊疗单

第三部分　补位扶贫

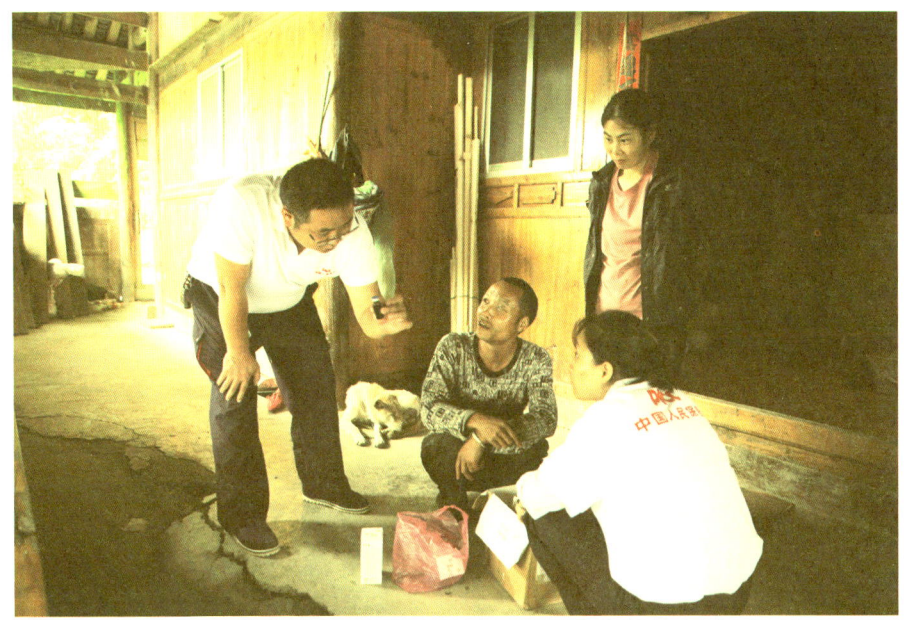

保险公司的工作人员帮杨信的父亲查看药物

杨信抱起自家的小羊羔

杨信在厨房里帮忙生火做饭

Boost Poverty Crucial
Insurance on the Road

助推脱贫攻坚·保险在路上

忙碌了一天后,杨信一家人一起吃晚饭

杨信的父母和乡亲一起打谷子

杨信放学回家后帮忙放羊

第三部分 补位扶贫

杨信的母亲正在收割谷子

杨信的父亲到学校接杨信放学

第四部分
扶贫人物

Figures for Poverty Alleviation

Boost Poverty Crucial
Insurance on the Road

助推脱贫攻坚·保险在路上

"三张牌"打通彝家山寨致富路

"盼星星盼月亮，终于盼到这条通往山外的路修通了。"四川凉山彝族自治州盐源县卡拉坝村的伍且阿牛站在刚竣工不久的水泥村道边，抑制不住内心的喜悦。站在伍且阿牛身边的阿倮甲真接过话头："真要感谢共产党，感谢人民保险公司，给我们彝家山寨办了好事实事，精准扶贫让腰包鼓起来，日子好起来，生活富裕起来。"其他围观的村民们也纷纷竖起大拇指，齐声夸起带领卡拉坝村打了"翻身仗"的驻村第一书记——杨品初。

杨品初来自人保财险盐源县支公司，是个29岁的蒙古族小伙子，彝族群众亲切地喊他"品初"。

2015年8月30日，品初走马上任卡拉坝村驻村第一书记，根据当地党委、政府关于精准扶贫的精神，以及人保财险四川省分公司对精准扶贫的相关要求，发扬"苦干不苦熬"的凉山精神，带领卡拉坝村510户、2210位村民不等不靠不要，打好"三张牌"，让卡拉坝村由穷变富。

第一张牌：思路一变天地宽

"太阳出来了，一瓶烧酒在山梁梁上喝一天；太阳落坡了，醉眼朦胧一步三摇摸黑回家。"卡拉坝村村主任毛金智背对着身后层峦叠嶂的大凉山，用不太熟练的汉语与《中国保险报》特约记者交流起来。在交通基本靠走、通信基本靠吼、安全基本靠狗的彝家山寨，囿于民族传统习惯和自然环境条件的制约,卡拉坝村2210位彝族群众始终摆脱不了千百年来靠天吃饭的现实。

彝族汉子毛金智望着远处的大凉山,眼里充满希冀与渴望。

卡拉坝村人日复一日、年复一年地过着同样的日子,这时,一场精准扶贫行动在当地党委、政府的领导下打响了。

"卡拉坝村辖7个村民小组,常年耕地面积两万亩,均为旱地,山地总面积2000亩,510户中就有95户贫困户,贫困人口392人。由此可见,卡拉坝村的精准扶贫工作牵涉面宽量大,帮扶任务重。"盐源人保财险的领导对品初寄予厚望。

"我是党指派给彝族群众的致富领路人,要让彝家山寨在惠民政策暖风的吹拂下开出朵朵致富的花朵、幸福的花朵。"品初在驻村日记里写下了这样一句话。根据精准扶贫工作的相关安排,卡拉坝村在大会小会上宣讲精准扶贫条例及党的各项方针政策,引导群众改变千百年来形成的生活习惯,到贫困户家里去找贫困根源。

致富先治穷,脱贫先脱根。品初多方奔走,四处争取,筹措到了帮扶资金两万元,用于完善村支部办公设施,帮助贫困户解决春耕物资,向95户帮扶贫困对象免费赠送地膜、化肥……筹措到的两万元,是品初带给卡拉坝村的"见面礼",也是敲响卡拉坝村精准扶贫的开场锣。

品初带领卡拉坝村彝族群众投工投劳铺修本村公路和一座石拱桥,打开了彝家山寨与外界沟通的大门,建立村便民服务店,改写了彝家山寨生产生活物资从山外肩挑背驮的历史;投资修建村级幼儿园,让17名适龄儿童欢天喜地入园学习;一条长9.3公里的村级硬化道路全面竣工;向水利部门申请立项的7个小组生产用水和坡改梯民生工程正紧锣密鼓地进行……

卡拉坝村一天天变了模样,彝家山寨的男女老少围着锅庄,跳起了欢快的舞蹈。

第二张牌：精准到人帮扶到位

"干事在实，帮人要真；要想群众之所想，忧群众之所忧；帮群众之所困，解群众之所难。"品初的话语朴实而真切。

32岁的秦里古莫站在自家的花椒地里。一眼望去，她家栽种的5亩花椒树和9亩核桃树的枝头早早就坐上了果，光景喜人。这天，品初陪着农技员到秦里古莫的果园里，手把手地教她防治病虫害和施肥等技术活。农技员认真地教，秦里古莫虚心地学。

秦里古莫的两个小孩儿都在村幼儿园读书，她被确定为精准扶贫的对象。根据秦里古莫家的实际情况，确定以发展种植业为主体的帮扶措施。她家种植花椒树5亩，每亩种花椒树34株，每株实现经济效益300元；种植核桃树9亩，每亩24株，每株核桃树开花挂果后能带来500元的经济效益。仅此两项，秦里古莫就能增收5.1万元，预计2020年，秦里古莫的收入达到10.8万元。

与她家相邻不远的刘呷呷也是精准扶贫行动中最早摘掉"穷帽子"的家庭。

"穷的滋味不好受，千百年来，大凉山里的彝家山寨守着座座金山银山，望山兴叹，变不出看得见、摸得着的实打实的金锭银锭来。"刘呷呷虽没读过多少书，但手脚特勤快，头脑很灵活，为了改变贫困状况，她想尽了办法，却始终摆脱不了贫穷。精准扶贫进村后，品初针对她家的实际情况，采取大干快上发展种植业的帮扶措施，利用向阳采光好的坡地种植产量高、见效快、效益好的花椒树和核桃树，让穷山坡的泥巴里长出财富树。

"如果没有精准扶贫的好政策，彝家寨子群众还将抱着靠天吃饭、等米下锅的传统观念；如果没有品初的身体力行，花椒树和核桃树就不可能连成片，长成林，成规模，形成一条脱贫致富的产业链。"毛金智说得头头是道。

第三张牌：产业扶贫共走富裕路

"十指合力握成拳，产业支撑唱大戏。"卡拉坝村村民阿牛阿倮每天都会到自家那13亩的花椒地里走一走、看一看，除草施肥，忙碌但充实。错落有致的花椒树就像一排排接受检阅的士兵，山风吹过，花香四溢，阳光照射，果实累累……

每当忙碌过后，阿牛阿倮顺势坐在花椒树下小憩，打打盹，抽支烟，耀眼的阳光让他眯着双眼四处打量花椒树、核桃树，说不出的喜悦与感谢溢于言表。与阿牛阿倮的闲谈中，一幅卡拉坝村由穷变富，山清、水秀、业兴、家旺、人和的美好生活画卷跃然眼前。

卡拉坝村产业结构单一，彝族群众以种植马铃薯、玉米为主，其一年四季阳光充足、土地肥沃的自然条件非常适宜花椒树、核桃树等经果林的培育发展，但是，彝家山寨的群众顶多在房前屋后零星种植花椒树、核桃树，没有规模效应，不成气候，只能解决油盐酱醋的日常开销。因此，精准扶贫推进表上，以1+X经济果园林产业项目为龙头，引导村民们向荒坡要效益，向荒山找商机，把荒山荒坡变成金山银山。

"2016年，卡拉坝村花椒种植规模达到1000亩、核桃1500亩，将直接带来1800万元以上的经济收入。养殖方面，将在村内建立5个养殖场，引导贫困户参与专业合作社模式，共同发展走向小康。"品初对卡拉坝村精准扶贫的未来信心满满。

抓铁留痕，踏石留印。为防止因病返贫、因灾返贫，杜绝扶贫帮扶对象出现反复，盐源人保财险为建档立卡的95户帮扶贫困户投了农房保险、人身保险,建起村级保险服务工作站,保险为彝家山寨精准脱贫系上了防护风险的安全绳和保险锁。

(文章刊载于2016年6月22日《中国保险报》,特约记者吕林采写)

第四部分 扶贫人物

任家沟来了个扶贫书记

任家沟出了名。在四川省射洪县扶贫攻坚花名册上,任家沟村驻村第一书记罗乐的故事很典型,也很耐读。

任家沟是个穷村,75户贫困户230位贫困人口在罗乐的带动下,有了穷则生变、过上好日子的强烈愿望。

陈世华的心里话

在任家沟村1315名群众的眼里,人保财险射洪县支公司副经理罗乐是个牛人。他打走马上任任家沟村驻村第一书记以来,大话口水话一句没有,句句都是实在话;他为人做事真抓实干,一个钉子一个眼儿,脱贫的想法多、致富的金点子多。他带领任家沟的村民心往一处想,劲儿往一处使,甩开膀子埋头苦干,让荒山荒坡变成了金山银山。因而,罗乐在村民眼中的形象高大丰满了起来。

"罗书记是共产党的好干部,是真心实意帮咱老百姓干事的人。"提到罗乐,任家沟村三组村民陈世华打心眼儿里佩服。

陈世华一家是任家沟村的"贫穷钉子户"。他刻骨铭心地说,"苦日子简直过够了,做梦都想让生活味道甜起来,家庭生活富裕起来。"

为了让任家沟村贫困户尽快走出穷窝窝,罗乐开始进村入户做精准调研,掌握第一手资料,逐一找出制约发展的短板,从而在帮扶措施上精准施策。陈世华就是首批纳入罗乐视线的扶贫对象之一。罗乐协助陈世华获得扶贫贷款1.8万元,帮助他搞起了生猪养殖,还帮他购买了育肥猪和能繁母猪保险,通过保险兜底解除了养殖风险。

农事服务超市来分红

"时代不同了,新鲜事可真多。想不到咱们这些泥腿子也能当股东,享受农事服务超市年终分红。"不久前签字领取了2016年农事超市分红的村民刘刚心里美滋滋的。他向《中国保险报》特约记者夸起了罗乐:"罗书记是个大能人,想方设法让我们的生活越过越好。"

在驻村帮扶工作中,针对贫困户存在的等、靠、要以及守土安贫和悲观失望等思想观念,罗乐带领村两委与贫困户结对子,与群众面对面谈心,分析贫困原因,寻找致富门路,有针对性地解决贫困户思想观念上的问题。为了实现由单纯的物资扶贫转向智力扶贫、志气扶贫,增强贫困户发展的底气,罗乐利用扶贫产业发展周转资金,向有脱贫意愿的15户贫困户分别借款1万元,投入农事服务超市,按贷款折算为股金。贫困户可以选择在农事服务超市当操作机手,也可选择外出务工。农事服务超市每年将所得纯利按贫困户借款所占投资比例进行分红,并由农事超市代为偿还借款本金。陈世华、刘刚等15户贫困户通过按贷款折算为股金的方式,每年多了一份投资经营性收入。

保险兜底助农增收

"村看村,户看户,群众看干部。"罗乐在担任任家沟村驻村第一书记以来深有体会:"上级领导把带领群众致富奔小康的任务交付给我,体现出上级领导的信任;群众也把脱贫致富的希望寄托在我的身上。因此,在任家沟扶贫思路与举措上,要依托资源,发挥优势,确保扶贫实效,加强'三保障':加大贫困人员保险保障,开展贫困户产业基本保障和农事服务保险保障。"

为防止贫困家庭主要劳动力遭遇意外事故等导致返贫或贫困程度

加剧，罗乐申请派出单位出资为村内贫困户中具备劳动能力的67人购买保额为20万元的意外保险，保障贫困户能够放心参与社会生产和脱贫攻坚；引导贫困户积极参加政策性农业保险，引导贫困村在20亩村集体土地上开展水稻制种产业，引入水稻制种保险，平均每亩可获得2200元保险保障；为村内吸纳贫困户务工的农事服务超市解决风险保障问题，申请派出单位出资为超市的农机具购买综合救助保险，涵盖了农机损失险、农机三者险、操作机手意外伤害险，保障超市农机在生产经营过程中的意外损失。

有了保险兜底，任家沟村的扶贫攻坚有了底气与信心，75户贫困户脱贫致富有了希望。站在任家沟村的山头上，看到任家沟由穷变富，群众过上了好日子，住上了好房子，形成了好风气，养成了好习惯，陈世华笑了，刘刚笑了……230张扶贫对象的笑脸编织出了任家沟最美的画面。

（文章刊载于2017年2月14日《中国保险报》，特约记者吕林采写）

邱玉春：把驻村当事业 把村民当亲人

"第一书记到村里要干什么？就是发动群众，提高他们干事创业的热情。"福建省保险业派出的驻村干部邱玉春说。

邱玉春是福建省保险行业协会支部党员，考虑到此前邱玉春在人保财险赛岐支公司任经理近8年，基层工作经验丰富，2017年12月福建保监局响应福建省委组织部和福建省政府下发的文件要求，选派其到上村村担任第一书记。

上村村地处闽东福安市穆云畲族乡最北部，在世界地质公园白云山下，海拔736米，每年平均雾日70～80天。这里山势陡峭，耕地分布在山坡上，耕作十分不便，是福建省扶贫开发重点村之一。

2018年4月25日，记者来到了笼罩在云雾中的上村村，见到了这里的驻村书记邱玉春。此刻，他正与村民王宋锦商量建鸡舍的事情。

"要是能得到资助，我就把养鸡场做得再大一些。"王宋锦急切地对邱玉春说道。

"放心吧，已经有保险公司认领这个项目了。"

王宋锦憨厚地笑了一下。他指着山沟中一处已经盖好的鸡舍，对记者表示："邱书记来了以后，动员我们创业，我觉得自己也要努力一下，于是联合另一户带上两个贫困户一起建了养鸡场。"

2017年，邱玉春作为福建保险业派出的扶贫干部来到上村村，成为上村村的驻村第一书记。在此之前，他对村里的情况也有一些了解。上村村交通十分不便，特别是村庄的房屋是依山而建的，村内道路狭窄、陡峭、弯曲，村民外出的交通成本高，物流的成本也高，村里大量的青壮年劳动力外出务工，留守的大多是老、弱、病、残人员。

邱玉春进村之后便挨家挨户地了解民情，建档建册，为上村村脱贫工作掌握第一手资料。他发现，要想脱贫，首先要打造一支带不走的队伍，组织一些有能力、有想法的青壮年带动大家成立农业种养植（殖）合作小组，并发动保险机构等社会力量对合作小组项目进行帮扶。

于是，他与"村两委"成员等不断探索适合村里发展的产业项目，并多次往返于宁德市农科所、福安市农业局等地邀请技术人员到上村村实地考察。截至目前，已经初步形成石磷天然养殖、鸡养殖、覆盆子种植、芙蓉李种植、地瓜种植、水蜜桃种植、茶叶种植和竹荪种植等专业合作小组，每个小组带动一两户贫困户。

"习近平总书记在《摆脱贫困》一书中写道：农村脱贫致富的核心就是农村党组织，如果没有一个坚强的、过硬的农村党支部，就谈不上带领群众与贫困和落后作战。"邱玉春说。

2018年初，他便着手联系在册的所有党员，把在村里、乡里及外地的党员集合起来，组建党员微信群，推进"两学一做"，深入学习十九大精神和习近平新时代中国特色社会主义思想，增强党组织的凝聚力，调动党员的积极性，发挥党员的先锋模范作用。

此外，他还积极引导青年人返乡创业。2018年已40岁的王木恩便是其中一位，他曾在外地打工。在邱玉春的带动下，王木恩已经种植了10多亩竹荪和8亩芙蓉李。他表示，"邱书记是要带领我们做大事业的，我也不能掉队，种植竹荪还是试验项目，如果成功了我们就扩大种植面积，带动更多贫困户脱贫。"

此刻，邱玉春的背后有着强大的后盾。据了解，已经有多家保险公司明确表示帮扶认领上述合作小组项目。2018年春节前，福建保监局局长葛翎曾来看望他，并表示，邱玉春书记是代表保险行业来到这里的，福建保险行业就是他坚强的后盾。福建省保险行业协会也组织30多家保险机构来慰问上村村贫困农户和孤寡老人。他们带着筹集的资金，以及大米、食用油、棉被、牛奶等生活物资送到困难群众的手中。

"特别感谢你们在大冬天里给我们送来的生活用品，让我们过了一个好年。"那些温暖的行为至今让90岁的王白梅老人感动不已。午后，薄雾渐渐散去，王白梅和老伴坐在自家门口。邱玉春心疼地握着老人的手说："这里终年潮湿，老人家手脚都不太好，但还在坚持劳作，上午还去地里采茶。"

虽然邱玉春驻村时间不是很长，但已与村民们打成了一片。我们走在崎岖的村庄里，遇到的村民都会上前和邱玉春聊上几句，大家都把他当成"家里人"，而邱玉春也像对待亲人一样照顾和关心村里每一个人。

谈及下一步的工作，邱玉春有着很多设想，要引入更多保险元素，要与世界地质公园白云山旅游对接，要成立销售贸易公司……

（文章刊载于2018年5月29日《中国保险报》，
记者朱艳霞采写，谢殊青摄影）

第四部分 扶贫人物

邱玉春和种植户交流

邱玉春询问王木恩种植农作物情况

Boost Poverty Crucial Insurance on the Road
助推脱贫攻坚·保险在路上

邱玉春与养鸡户王宋锦聊天

邱立春看望贫困户郑容秀老人

邱玉春看望王玉书、王白梅夫妇并询问家里近况

第四部分
扶贫人物

上村村地貌

邱玉春翻看扶贫日记

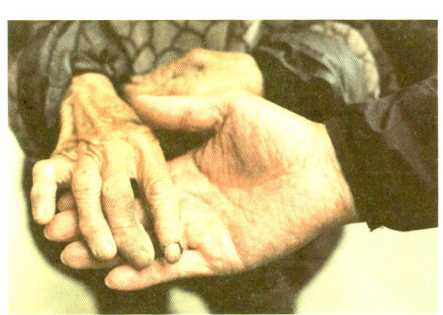

郑容秀老人的手

111

第五部分
服务实体经济
Service Real Economy

人保财险服务实体经济系列报道之一
人保财险护航"一带一路" 助推企业安心启程

"一带一路"倡议自 2013 年首次提出以来,为解决当前世界和区域经济面临问题,推动经济全球化进程,注入了强大的动力和正能量。作为基础建设项目中的"护航员",国内保险企业已通过各类不同险种和产品,向参与海外业务和贸易活动的中国企业提供了重要的风险保障。

人保财险在"一带一路"建设中大展拳脚,全力助推"一带一路"倡议实施,致力于为"走出去"的中资客户及其他具有全球属性的客户提供专业化、国际化的保险保障和一站式、全流程保险服务。

2013—2016 年,人保财险参与承保"一带一路"沿线工程险、财产险等项目超过 450 个,服务范围覆盖沿线 40 多个国家和地区,承担风险保障金额高达 10760 亿元。

更有效对接需求

自 2013 年以来,我国企业与"一带一路"沿线国家的贸易合作取得了突出成绩。据统计,2016 年我国对沿线国家直接投资 145 亿美元,与沿线国家新签承包工程合同额为 1260 亿美元,增长 36%;"一带一路"沿线国家对华投资新设立企业 2905 家,同比增长 34.1%,实际投入外资金额 71 亿美元。

在飞速发展的同时，企业也面临诸多风险，包括自然环境风险、政治风险、资金风险、经济风险、法律风险及社会文化风险等。"针对以上可能产生的风险，在中国企业'走出去'的过程中，作为提供服务保障的保险公司，获得了非常好的转型机遇期。"业内人士认为。

人保财险紧紧把握住这个国家发展战略的黄金机遇期，按照集团公司国际化战略实施方案的工作要求，从设立单独国际业务部到搭建国际业务保险产品部，再到推进海外服务网络建设，通过市场化的风险管理与资金融通机制，对"一带一路"建设起到积极的推动作用。

人保财险总裁林智勇介绍，2017年初，人保财险就将全球化战略明确为公司"十三五"五大战略之一；同时在内部工作机制上积极作出调整，成立国际业务部，构建国际业务集中化、专业化的经营管理平台，以更加有效对接和服务"一带一路"沿线企业的保险需求。

更精准提供服务

瑞士再保险公司在其《中国"一带一路"规划及其对商业保险的影响》研究报告中称，我国大型企业越来越需要全面的保险解决方案，而不是部分保障。投保企业在选择投保时会更关注风险防范覆盖范围，而非涵盖的业务种类。因此，以客户为中心、使用"非传统"或定制化保险解决方案来提供综合风险解决方案正变得越来越普遍。

在服务"一带一路"过程中，人保财险充分发挥自身在风险管理方面的人员、经验、数据和技术优势，研究每一家"走出去"企业的风险管理需求，为企业量身定制个性化的保险保障解决方案，为海外中国企业提供贸易投资、工程建设等合作国家的国别风险、行业风险等信息，为企业开展跨境合作提供重要决策参考。

具体来看，除了通过加强风险研判、做好相关预案等强化风险控制手段外，人保财险根据国际业务产生的经营管理方面风险特点，作出了有针对性的安排，来降低或减少开展国际业务对自身经营管理可能产生的不利影响。

例如，通过构建更为有效的风险分散机制，通过再保险的方式对风险进行转移；通过制定符合国际业务实际的分层次理赔管理方案，建立海外理赔专家团队，借助海外理赔专家团队和全球公估资源，最大限度缩短事故查勘、损失确定等环节的周期，有效应对理赔风险。

此外，人保财险还专门派遣海外工作组，按照"立足一点，辐射一片"的原则，旨在前伸业务触角，为驻地所在国家以及周边一定区域内的客户提供伴随服务。目前，海外工作组已与我国使领馆等驻外机构建立会晤机制，搭建了与客户的沟通渠道，便于了解掌握当地风险信息和保险市场信息，全力服务当地中资企业。

更多路径参与建设

针对我国企业海外发展面临的诸多风险，人保财险一方面从保障基础设施建设、保障人员财产安全、保障责任风险及保障船舶货运等方面，为企业海外发展提供全方位的风险保障；另一方面，加大产品研发和引入力度，搭建国际业务保险产品库，积极尝试国际化产品创新。

目前，人保财险的国际业务保险产品库基本覆盖中国企业海外项目筹备、施工、运营等各个阶段和领域。

据统计，2012—2016年，人保财险为境外工作人员提供全方位意外险保险保障金额达到15315亿元；承保商务部对外援助成套项目职业责任险项目共计104个，覆盖57个国家，保障金额达到161.87亿元。仅在2016年，人保财险承保的进出口货物保险金额超过325086亿元，承保远洋船舶保险金额共计4132亿元。

在做好基础保障服务的同时，人保财险积极响应企业"走出去"需求，致力于助力我国各类行业转型升级。例如，开发了或正在推进开发针对海外工程建设项目的相关责任保险（包括雇主责任险、职业责任险、建设工程质量保险及绑架赎金保险等），以及针对我国企业参加境外展会时遭遇知识产权侵权责任风险的境外展会专利纠纷法律费用保险等。此外，人保财险积极贯彻国家首台（套）重大技术装备补偿政策，在"一带一路"沿线推广首台（套）重大技术装备保险，使更多企业获得政策红利，实现企业转型升级。其中，为光伏类企业"走出去"提供保险支持；工程履约类保证保险包括建设工程完工履约保证保险、投标保证保险、农民工工资支付履约保证保险，以及正在保监会报备的建设工程质量保证保险和建设工程合同款支付保证保险5个产品，为我国建筑承包企业在"一带一路"沿线国家承接建设的基础设施项目提供全面风险保障；而海关事务履约保证保险则为进口企业缓释税款资金占用提供支持，促进了"一带一路"沿线国家间的文化交流。

随着保险资金投资范围放开，人保财险也逐渐成为中国企业海外发展的重要投资主体，不仅开发了相关的保险保障产品，还可以在港口、物流、航空、园区建设等方面进行投资，提供直接资金支持。

更完善资源支持

除多路径、多角度参与"一带一路"建设外，人保财险还致力于整合全球第三方服务资源，建立展业支持工具，建立管理支持体系。

目前，人保财险已根据沿线区域的业务集中度和业务发展前景，有重点地选择国际保险机构作为合作伙伴，利用其服务网络，实现在全球范围内的代出单服务。在全球范围内，与信誉卓著的公估公司和救援机构建立合作关系，同时组建了一支30人的海外理赔专家团队，实现海外业务理赔管理的专职化和专业化，并结合"一带一路"沿线保险服务实际需要，编写实行再保准入资质管理的国家名录、办理流程，启动相关国家的再保人注册。

在技术支持方面，人保财险收集整理了"一带一路"沿线的详细项目信息，积极推进国际业务保源地图的绘制工作；整理总结海外业务的核保经验，推动构建自有的"一带一路"风险评估体系并绘制海外风险地图。其中值得关注的是，人保财险依托慕尼黑再保险、英国AXCO信息服务公司、美国国际集团的技术工具和基础数据，着力推动建立"一带一路"沿线国家风险数据库。

在管理支持方面，人保财险及时总结梳理公司国际业务承保理赔典型经验，推动建立国际业务承保、理赔数据库，并以公司核心业务系统为蓝本，调整和重构国际业务审批核保IT支持平台，借助IT技术手段，形成对国际业务特别是"一带一路"重点业务的有效管控。

林智勇表示，下一步，人保财险将不断构建完整的海外业务出单网络，实现海外业务出单全覆盖；开展与境外公估公司、理赔中介服务机构、国际救援组织合作，建立海外查勘定损网络，为客户提供全球理赔和救援服务。

（文章刊载于2017年9月28日《中国保险报》，记者李梦溪采写）

人保财险服务实体经济系列报道之二
服务"三农"全力助推脱贫攻坚

2017年7月,全国金融工作会议明确提出,要建设普惠金融体系,加强对小微企业、"三农"和偏远地区的金融服务,推进金融精准扶贫,鼓励发展绿色金融。

目前,中国保监会召开新闻发布会,再次强调"金融扶贫、保险先行",要不断探索扶贫经验,其中,人保财险探索的"农业保险+小额贷款保证保险+保险资金支农融资"模式得到了肯定。

作为国内最大的财险企业——人保财险根据全国金融工作会议和保监会"1+4"系列文件精神,在支持"三农"发展、推进保险扶贫的道路上身体力行、不断前进。

据统计,2016年人保财险为1.06亿户/次农民提供农业保险保障1.16万亿元,向1910万户农户支付农业保险赔款167亿元,为受灾农民尽快恢复生产生活提供稳定而高效的资金筹集渠道。

"产品+队伍" 基础要打牢

在近期召开的金融服务农业现代化高峰论坛上,农业部部长韩长赋认为,目前农民在保险方面的获得感仍有待加强。随着保险服务农业现代化建设力度持续加大,要实现保险产品、服务机制和资金运用全面创新。

据统计,人保财险已有各类农业保险品种200余种,产品数量

1600余个。为适应新形势下农业生产的多元化风险保障需求，人保财险还在目标价格保险、气象指数保险以及"保险＋期货"等领域开发200余款创新型农险产品。此外，还有大病保险、小额人身保险、农房保险、民生保险等门类齐全的涉农保险，为农民提供了全方位、广覆盖的保险保障。

发挥产品优势，也需人员保障。2017年6月，人保财险在保监会组织的助推脱贫攻坚新闻发布会上表示，产品和队伍是人保财险开展"三农"工作的重要基础。

根据资料显示，人保财险的农险队伍是人保财险的优势所在。据了解，人保财险有"三农"营销服务部7209个、"三农"保险服务站2.5万个、"三农"保险服务点29.4万个，网点覆盖至全国98%的乡镇和54%的行政村，农村保险服务队伍人员已达到34.9万人，在很多连片贫困地区、边疆地区和革命老区的许多县（区），人保财险都是当地唯一或最主要的财产保险公司。

融资助脱贫　　模式要创新

金融扶贫，保险先行。

人保财险创新金融扶贫工作，在实践中总结出了"八大保"模式，即河北"政融保"、陕西"助农保"、宁夏"扶贫保"、广西河池"政府＋险资＋企业＋农户＋保险"、江西"商业补充保险和一站式服务"等"八大保"扶贫模式，其中河北"政融保"、广西河池"政府＋险资＋企业＋农户＋保险"为险资直投助推扶贫的模式。

2015年底，保监会批复同意中国人保开展支农支小融资业务；2017年，保监会将支农支小试点额度增加200亿元。中国人保通过保险资产管理产品募集集团内保险资金，向符合要求的投保农户和小微企业提供融资支持，专项用于农业生产和小微企业经营，支持实体经济发展，服务脱贫攻坚战略。

支农融资业务基本模式是"保险+融资"，针对农业生产经营主体，以农业保险、人身意外伤害险、保证保险等险种提供全方位的风险保障，以保险资金为农业生产提供金融活水，双管齐下助推农业产业发展。在此基础上，人保财险因地制宜，积极探索多样化业务实施路径。在河北阜平率先开展"政融保"模式，采用政府指定政策性担保机构全额担保的方式，极大撬动金融资金在当地投放；在河南以党建为引领，以扶贫为目标，以驻村第一书记为抓手，助推农村经济发展，形成"河南模式"；在广西河池开创"河池模式"，政府设立双平台机构，统借统还、穿透管理，支持当地扶贫攻坚；在福建宁德尝试农产品仓单质押，在河南、宁夏尝试肉牛活体质押，将农户提供的农产品质押作为融资增信的手段，公司按照质押物价值的一定比例向农户提供融资。

人保财险作为服务主体，运用强大的机构团队优势，打通了金融服务"三农"和小微企业的"最后一公里"，有力推动农业产业优化升级，实现精准扶贫，取得了良好的成效。截至2017年8月底，中国人保支农支小业务累计服务"三农"、个人和中小微企业客户逾11万户。其中，人保财险支农融资业务已经覆盖全国30个省、64个地市，深入105个国家级贫困县，采取"企业+农户"的方式，带动数以万计的贫困农户走向脱贫致富。支农融资业务合作额度累计已超过150亿元，涉及14个农业领域，包括肉牛和肉羊养殖、生猪养殖、粮食作物和经济作物种植等。

未来，人保财险还将持续创新支农融资业务模式，开发新型险种，对接农产品生产端和销售端，打通农业产业链，整合产业资源、优化供销渠道，构建农业产业金融生态圈，进一步落实国家扶贫战略布局。

科技强应用　服务更便捷

人保财险在农险方面的市场份额高达 46% 以上，2007—2016 年，累计为 10.36 亿户／次农民提供了 5.37 万亿元的农业风险保障，累计处理农险理赔案件 1721 万件。2016 年，人保财险承保农作物 6.32 亿亩，承保生猪及能繁母猪 1.08 亿头，占我国生猪饲养量的 23%；承保森林 10.44 亿亩，占我国森林面积的 33.5%。

巨大的业务量，对人保财险的服务能力提出了极高要求，除了依靠 34.9 万人的农险服务队伍外，加强高新技术的应用是必然选择。

针对农业保险"定损难、理赔难"特点和道德风险管控难题，人保财险积极探索利用生物技术、卫星遥感等技术手段，为农险承保理赔提供数据和业务管理支持。其中，为解决养殖业保险点多面广、标的复杂等问题，积极引进 DNA 指纹技术、RFID（射频识别）电子标签、水下探测仪等，用于养殖险全流程风险管理。

在开展灾害监测预警和灾情评估方面，引入无人机、卫星遥感和地理信息系统，探索"按图承保"和"按图理赔"的农业保险承保理赔新模式。目前已在全国 25 个省布置了 56 个无人机基地，建立了 170 多人的无人机操控手队伍，在 3 省 15 县配置了 100 台农险移动调查终端，基本形成了"天空地"（卫星遥感、无人机遥感和地面查勘）一体化的农险承保理赔服务体系。

在信息整合方面，全面启动农险综合信息平台建设，集成地块信息、灾害损失和承保理赔数据，提供风险评估、费率厘定、灾害预警、经营决策及统计分析等功能，实现农险精细化管理。

在提高理赔时效方面，开发了养殖险移动查勘定损系统，全面推进养殖险小额案件"一站式"理赔模式，在青岛、四川、广东、江西、福建等地试点能繁母猪移动查勘定损系统，成为业内首家使用移动终端处理农险案件的公司。

在探索新技术服务"三农"方面,积极探索区块链技术在养殖保险中的应用,利用生物识别、区块链及移动互联等技术,将养殖保险、农业金融、食品溯源贯穿起来,试点构建基于区块链的养殖保险服务平台。

(文章刊载于2017年10月12日《中国保险报》,记者李梦溪采写)

人保财险服务实体经济系列报道之三
人保财险：引领保险业态创新助力小微企业发展

多年来，人保财险一直秉承着回归保险本源、服务实体经济的理念，打破传统思维模式，以产品创新和服务创新为手段，为地方经济和中小企业引来金融活水，助力小微企业发展。

大力支持"双创"战略

自 2015 年"大众创业，万众创新"的新时期国家发展战略正式提出以来，17 个国家自主创新示范区、36 个小微企业创业创新基地示范城市纷纷成立；同时，《"十三五"国家科技创新规划》中明确提出要"发挥金融创新对创新创业的重要助推作用，开发符合创新需求的金融产品和服务"。

2017 年上半年，中国保监会"1+4"系列文件提出，保险公司要完善新技术、新业态保险服务，支持实体经济创新战略。

人保财险意识到，在创新服务实体经济发展过程中，新时期围绕"双创"发展战略对保险支持科技创新提出的具体要求，预示着潜在的政策红利即将释放。人保财险首先将目光聚焦在科技保险创新上。针对国家"双创"孵化平台的科技型中小企业，人保财险开展了"双创"综合保障保险专属产品的研发和推广工作，并研究针对"双创"示范区内国家级孵化器统保的模式。目前，人保财险已推出了 13 款科技保险专属产品、7款知识产权保险专属产品,为科技企业提供全面的一揽子风险保障,形成了"产品体系完善、保障覆盖全球、金融综合服务"的基本格局。

截至2017年6月底,科技保险已为6083家科技企业提供风险保障逾1万亿元,知识产权保险累计为5233家科技企业的11330项专利提供风险保障逾128亿元,为装备制造业提供风险保障241亿元。

在科技保险创新实践方面,人保财险确定了北京、天津、武汉、四川等11家省级分公司作为科技保险试点,目前业务已扩展至27家省级分公司。其中,全国首家科技保险支公司于2012年在江苏省苏州市成立,这是我国保险业筹备建设的第一家专业领域专营支公司。此后,包括湖北武汉东湖、北京中关村、江苏南京、福建厦门等在内的其他科技专营支公司陆续成立。

在专利保险开发方面,人保财险积极探索保险支持知识产权保护和运用,重点围绕助力企业专利维权和支持知识产权质押融资等工作,在广东佛山和中山地区,探索出对当年新授权的企业发明专利集中投保以及将"专利评估+资格评估"相结合等两套新型服务模式,着力构建服务科技型企业发展的知识产权金融体系;在江苏苏州地区,人保财险探索出全国首例保险资金直接支持知识产权质押融资的全新模式,实现了保险资金与实体经济企业的直接对接。目前,专利保险已在全国68个地市级分公司落地。

助力小微企业发展

小微企业是国民经济价值链条上数量最大、行业分布最广泛的群体,对实体经济至关重要。日前,国务院常务会议再次部署强化对小微企业的政策支持和金融服务,要求在狠抓现有政策落实的同时,激励金融机构进一步加大对小微企业的支持力度。

早在"新国十条"发布时，人保财险就针对中小企业面临的融资难题，以及抗风险能力弱等特点，充分发挥保险在融资增信、风险保障和损失补偿等方面的功能，通过"规模化对接、专业化经营、集约化管理"，逐步形成了具有人保特色的中小企业服务模式。

截至目前，人保财险已开发完成16款中小企业专属保险产品，全面覆盖中小微企业在日常经营和融资信贷过程中存在的风险，建立起多维度立体化的产品体系，仅在2017年上半年，就为20160家企业提供逾434亿元的风险保障金额。

值得一提的是，在文化产业方面，自党的十八大提出"文化强国"战略以来，文化产业在国民经济体系中的地位不断提高。但文化企业多具有"小规模，轻资产"的特点，风险意识及风险防范手段均需提升，人保财险积极引入国际先进经验，已推出13款文化产业专属产品，覆盖艺术品、演艺、影视、动漫等主流文化行业。截至2017年上半年，已累计服务1.87万家文化企业，共提供1547亿余元风险保障。

据了解，人保财险将接受文化部独家委托，开展文化产业保险发展现状及对策课题研究，并同步开展文化企业融资、文化旅游和文物保险等新兴产业专属产品研发。

破解小微企业融资难

小微企业往往具有"短、小、频、急"的融资需求，以及抵押物少、信用评级偏低等特点，人保财险设计、开发了系列贷款保证保险产品，涉及中小企业贷款、高新技术企业小额贷款和农业小额贷款等多方面，有针对性地面向不同行业、不同借款期限、不同借款用途的中小微企业，拓展服务宽度和深度，有效支持中小微企业融资。

在业务模式上，人保财险积极探索"政银保"贷款保证险与"银保"贷款保证险相结合的经营模式，特别是在"政银保"贷款保证险业务模式上，积极加强与政府和银行之间的互动，以政府为主导，充分运用政策和财政资金支持，发挥银行和保险公司的专业优势及服务保障职能，为中小微融资提供全面保障，先后涌现出包括宁波城乡小额贷款保证保险、苏州科技贷款保证保险、山东寿光中小企业贷款保证保险、广东佛山农业贷款保证保险及湖北城乡创业小额贷款等一批具有影响力的典型项目，得到当地政府和行业监管部门的高度认可，形成了可复制、可推广的成功经验。

截至 2017 年上半年，除西藏分公司外，人保财险的 37 家分公司已全部开办贷款保证险业务，试点项目达到 395 个，累计为 6.5 万家中小微企业提供贷款保证保险服务，支持融资金额达 309.42 亿元，为中小微企业融资及地区经济发展提供了有力的支持和保障。

护航小微企业"走出去"

2013 年，人保财险获批从事短期出口信用保险业务，成为国内首家具有资格从事该业务的商业财险公司。

人保财险充分利用遍布全国、直达乡镇的销售和服务网络，不断拓展出口信用保障的广度与深度，目前出口信用保险业务已覆盖 170 多个出口国别和地区，为出口企业提供了完善的风险保障服务，包括从战争、内乱等政治风险，到拖欠、破产等商业风险。人保财险简化小微企业出口信用险的赊销申报和索赔手续，提高理赔效率，积极保障小微企业出口资金的安全，支持小微企业稳定持续的发展。

据了解，人保财险已经在广东、河北、湖北等 20 个省、市开展小微企业出口信用险政府统保业务，依托较强的专业能力和"服务面对面"的属地经营机构，为小微企业提供全面的出口信用风险管理服务，2013年至2017年上半年，累计服务出口企业32747家次，其中小微企业26353家次，占比80%以上，支持小微企业实现出口额1761亿元。在广东地区，人保财险率先在汕头、韶关、湛江、揭阳、梅州和茂名6个地市拓展小微企业出口信用保险业务，扩大了小微出口企业信用保险的覆盖面。

在服务出口的同时，人保财险积极探索、推进小微企业出口保单质押融资，扩大小微企业融资渠道，截至2017年上半年，出口信用险共支持小微企业融资近15亿元。

（文章刊载于2017年10月17日《中国保险报》，记者李梦溪采写）

第五部分
服务实体经济

苏州科技保险：如何"放大科技"

在江苏苏州高科技园区，位于16幢的贝昂科技因专注于无耗材净化器的开发而小有名气。

这家公司是一对"海归"博士夫妻创办的。初创期的科技企业都面临资金短缺困扰，然而贝昂科技却凭借50余项国家专利，以30%的知识产权质押融资，从人保财险苏州科技支公司获得了500万元融资，解了企业研发资金的燃眉之急。

冉宏宇博士告诉《中国保险报》记者："好产品不能放在实验室里，尽快推向市场才能发挥价值。我们回国创业白手起家，感谢人保财险苏州科技支公司助我们一臂之力，今年我们已经销售近1亿元。"

数据显示，2017年上半年，人保财险苏州科技支公司创投基金实现债权投放8400万元，股权投资500万元，助力22家初创期中小科技企业一体化的综合金融解决方案。2013年至2016年，该公司累计为1156家创新型科技型企业提供各类风险保障超过840亿元，支持高新技术企业开拓市场、走出国门。2016年，承保了苏州750多家中小微出口企业的出口贸易，收汇风险超过1.1亿美元；帮助1家科技型中小企业A股上市，28家企业新三板挂牌。

成立5年多来，人保财险苏州科技支公司实现了从1.0版到3.0版的跨越。

拓荒之路

早在2008年，人保财险苏州科技支公司就开始了科技保险的试点。

但从 2008 年到 2011 年的经营结果来看，投保企业不足 50 户，3 年收取保费不足 500 万元，赔付率却高达 200%，主要原因有以下三个方面：

一是科技保险受到企业自身条件和市场经济风险的双重制约，导致在有限的、选择性投保的科技企业中的经营风险极大，标的损失率很高。面对高风险导致的高赔付率，科技保险经营者必然要提高费率，而高费率又导致本就资金紧张的科技企业投保不起。这一突出矛盾，制约了科技保险的快速发展。

二是高科技企业本身风险较高，主要是开发、生产及市场等风险。这些风险与传统企业所面临的风险相比，具有明显的特殊性。而大量特殊性风险的存在，使得科技保险产品很难达到大数法则的要求准确定价。

三是科技企业普遍投保意愿不足。尤其在创办初期，许多科技企业面临资金短缺的困扰，即使企业愿意投保保险，但是受制于自身经济实力，也仅投保最基本的财产保险等产品，导致科技保险徘徊在 1.0 时代。

相对应的是，苏州高新区是国内最早的一批国际高新技术产业开发区之一，也是长三角地区产值超千亿元的经济高地。在经济发展新常态的大背景下，苏州高新区围绕科技创新布局产业发展，吸引了千余家初创期科技企业入驻。

在中国保监会支持下，人保财险总公司在苏州科技保险试点基础上，搭建专属服务科技金融服务的平台。2012 年 12 月，全国首家专注于服务中小科技企业、提供专业综合风险保障服务的保险专营机构——人保财险苏州科技支公司成立，通过产品创新和服务创新，将科技保险融入整个苏州科技金融创新中，开启了服务初创期科技企业拓荒之路。

科技"放大器"

创新盛则产业兴。如何打造驱动创新发展的产业"发动机",是当前区域发展面临的艰深课题。

为让科技保险助力科技企业发展,人保财险苏州科技支公司在走访企业的基础上,完善产品体系,满足多层次保险需求。一方面,将高新技术企业产品开发责任险、专利保险、出口及内贸信用险等13个基本科技保险产品整合形成财产、责任类等6大类产品;另一方面,根据企业需求,开发领军人才高端意外健康保险、生命科学保险、小微企业一揽子综合保险等特色科技保险产品。

针对初创期科技型企业轻资产、缺担保、难融资的特点,该公司相继开办科技型中小企业贷款保证保险和短期贸易信用险等融资类业务,4年来累计为500多家科技企业提供纯信用贷款保证超过10亿元,并积极配合政府财政资金"变拨改贷"的政策变化,成立科技信贷风险补偿机制,并运用保险杠杆将财政资源放大。5年间,政府用1000万元的科技保险费补贴撬动了10亿元的科技信贷规模,财政资金放大比例达到100倍。通过金融支持,许多轻资产的科技企业解决了发展过程中资金使用的燃眉之急。

人保财险苏州科技支公司总经理王臻说,利用人保财险客户资源,搭建"高知"朋友圈,成为提高区域创新能力、促进产学研成果转化的重要平台。这些朋友圈具有极强的带动力和辐射功能,通过精准对接,引领区内科技型企业快速发展。如今,高新区1万多家企业中,科技型中小企业占比已经超过八成,上市企业16家,新三板挂牌企业累计达42家,规模以上工业企业研发机构占有率达67%。

走向 3.0 时代

人保财险苏州科技支公司从 2014 年开始，一方面积极寻求集团公司的资金、政策支持，另一方面协调苏州政府部门的共同参与，发起成立国内首只"投保贷联动"的保险创投基金，结合科技保险产品，主要服务于中小型科技企业在创业过程中对股权、债权以及风险保障的全面金融需求，使得科技保险能够深度融入企业成长全生命周期。为保险资金服务战略新兴行业开创一个崭新的模式，也使得科技保险"苏州模式"正式走向 3.0 时代。

针对科技型企业"轻资产"而难以达到金融机构融资门槛的特点，人保财险苏州科技支公司通过强化科技贷供给，客观上使得科技企业不可计量的风险变为可计量，增加了企业的贷款信用，突破企业融资瓶颈，从而满足并吸引更多资金供应者向科技企业投放。

结合科技企业的风险及资金使用特点，相继开展以纯信用作为贷款保证的科技贷、以企业下游买方赊销账款作为贷款保证的"订单融"、以专利保险作为专利质押融资保证的"智易贷"等产品。融入科技金融体系，通过融入政府、银行、保险、担保、创投"五位一体"的科技金融平台，发挥保险信用增级、融资增信功能，主动帮助科技企业选择适配的金融机构，并在产品落地操作方面更为灵活，与放款要求匹配，满足资金供应者对资金安全的要求，从而帮助科技型中小企业缓解贷款困难，提供融资支持，促进科技成果的转化及产业化。

建立专项投资基金，创新科技金融服务模式。在人保财险苏州科技支公司的积极推动下，人保资本与苏州地方创投共同出资设立总额 5 亿元的人保（苏州）科技保险创业投资基金，以"政、保、贷、投"联动模式，支持苏州市科技型企业。其中，人保资本出资全部用于债权投资，对具有成长性的苏州科技企业提供 500 万元以内的纯信用贷款；苏州方出资全部用于股权投资；人保苏州基金债权投资本金及利息的全部损失风险均由人保财险苏州科技支公司以承保科技型中小企业贷款保证保险的方式承担。这一模式将保险资金运用与科技贷业务有机结合，保险公司作为承保和贷款的同一主体，有效探索出保险资金直投于科技企业债权运营的新模式，为全国首创。

通过不断丰富保险产品，在帮助科技型中小企业获得多样化、个性化保险支持的同时，科技保险已能够满足科技型企业在创业、成长、上市、并购等各个时期和整个生命周期的保险需求，保险覆盖面和承保额均快速增长，科技保险已成为科技企业成长的助推器。

通过信用险撬动产业发展。近期，人保财险苏州科技支公司以苏州某光伏龙头企业为核心客户，通过同时向其上游供应商销售的材料、设备提供贸易险以及对其光伏企业自身提供贸易信用险，协助其在较低成本控制下，快速完成了海外生产线布局。通过信用险支持，该光伏企业用 4 个月时间就完成了原来预计需要 1 年的生产线建设工作。

苏州科技金融服务中心总经理严东升说，一个充满活力的产业体系，同样需要金融、保险等现代服务业源源不断地提供发展"活水"。苏州高新区全力对接多层次资本市场，打造金融服务高地、小微企业发展壮大基地。2015 年，苏州高新区与深圳证券交易所、科技部火炬中心签订战略合作协议，合作共建"苏南科技金融路演中心"。2016 年，出台建设"金融小镇"鼓励政策，总规划面积约 3 平方公里，成立 100 亿元的产业引导基金，支持鼓励各类创新主体在金融小镇发展。

（文章刊载于 2017 年 9 月 13 日《中国保险报》，记者祖兆林采写）

Boost Poverty Crucial
Insurance on the Road

助推脱贫攻坚·保险在路上

为大蒜之乡打造完整保险链

"国家之所以将山东省金乡县命名为'中国大蒜之乡',是因为这里的大蒜产业具有多个无可比拟的优势。"初见人保财险山东金乡县支公司经理石涛,这个年轻人开口就夸"家乡好"——金乡是大蒜种植面积最大的县,足有60多万亩,由此获吉尼斯世界之最;金乡大蒜出口120多个国家和地区,出口量占到全国大蒜出口总量近60%;出口信誉高,金乡大蒜在欧盟27个成员国享受与欧盟地理标志产品同等保护……

"因此,人们常常把金乡称作中国大蒜物流集散中心、价格形成中心和农产品出口创汇中心。如今,我们正在为金乡大蒜产业打造一条完整的保险保障链,力争让金乡成为保险助推实体经济发展的创新服务中心。"石涛踌躇满志地对《中国保险报》记者说。

让蒜农无惧"行情过山车"

"种蒜的收入高于种粮食作物,俺家祖祖辈辈都种蒜,但是价格风险很是折腾人。"金乡县胡集镇三皇村村民仇成华告诉记者,大蒜的地头收购价,好年景每斤卖到四五元,最差时能跌到几角,农资费和人工费白白搭进去不说,有时连种子钱也挣不回来。

"如今好了,有了大蒜价格指数保险托底,大蒜地头收购价若低于前3年平均数,俺们就耐心地待价而沽,这样价格反而稳定多了,即使略微向下波动几毛钱,保险公司也会按照合同约定把差价给俺们补回来。"仇成华说。

金乡大蒜有 2000 多年的种植历史，早在东汉初年，金乡就有种植大蒜的记载。近年来，金乡大蒜种植面积由 20 世纪 80 年代末的 16 万亩发展到 60 多万亩，始终居全国和世界县（市）之首，其单产、总产也是全国最高。

"金乡大蒜是极具特色的农业创汇产品，我们有责任通过保险的'稳定器'作用给蒜农送去宽心、放心和爱心。"石涛介绍，在省市物价部门指导下，在县委、县政府支持下，人保财险金乡县支公司等保险机构从 2015 年开始探讨在蒜乡试行大蒜价格指数保险，当年参保面积为 16 万亩，以后两年分别扩大到 50 万亩、60 万亩。

"确立大蒜目标价格指数，依据的是物价部门提供的前 3 年地头平均收购价，每年都有微调，但前提是与大蒜的直接物化成本挂钩，保障蒜农维持再生产能力。"石涛说。2015 年和 2016 年的目标价格为 1.73 元／亩，保费为 250 元／亩；2017 年的目标价格为 2 元／亩，保费为 200 元／亩。政府保费补贴比例为 80%，其中省级价格调节基金承担 70%，金乡县承担 10%，蒜农自负 20%。

据了解，依据山东省物价平台发布的大蒜地头价格，人保财险金乡县支公司等保险机构对金乡蒜农的赔偿，2015 年为 1700 余万元，2016 年为 3000 余万元。

"投保时每亩仅缴纳保费 40 元，从两年的实际理赔看，每亩分别赔了 101.15 元和 72.25 元，俺们觉得很划算！"仇成华笑呵呵地对记者说，"也不能光看赔款多少，最要紧的是大蒜价格指数保险起到了'镇海神针'的作用，能稳定金乡大蒜的整体收购价格，让蒜农不再惧怕行情'过山车'。"

让县长无畏"冷库氨泄漏"

近几年来,大蒜的储存获利颇丰,国内冷藏量迅速增加。作为大蒜流通的最大集散地,金乡县大蒜冷藏能力突飞猛进,大小冷库2300多个,冷藏量达到200万吨,接近国内大蒜冷藏总量的60%;已成规模的大蒜初加工企业和深加工企业600余家,能就地脱水处理大蒜20多万吨。冷库和加工厂的密集增加,强化了金乡县在大蒜流通领域的话语权,能缓解供求矛盾且利于出口,但同时也对安全生产带来隐患。

冷库和加工车间多涉氨,随着使用年限到期或日常维修保养不善,自然灾害和意外造成的氨泄漏、火灾事故及坍塌事故每年都有发生,成为一个扎眼的风险聚集区。为了助力金乡县灾害事故防范救助体系建立,人保财险金乡县支公司于2016年3月15日向金乡县政府提交了开展冷库财产保险保障的建议报告。

人保财险济宁市分公司总经理任玉宏介绍,这个冷库"财产保险+安全责任保险"的建议报告,着眼于完善蒜乡保险保障体系,是防范大蒜产、供、销全过程风险的重要一环,切中了蒜乡存储和加工环节的风险要害;同时,该建议报告提出的保险方案简单明了,易懂易行,几天内县政府领导就已批复,并责成县安监局协助人保财险开展好相关工作。具体运作中,人保财险济宁市分公司给予大力支持。该项业务自2016年开办以来,已累计承保企业近百家,提供企财险保障金额1.4亿元、安责险保障金额6.2亿元,从多个层面切实提升了涉氨冷库和加工企业的风险抵抗能力。同时,省、市分公司专家智库还对金乡参保企业实施了防范氨水泄漏、爆炸伤及人身的技术指导和培训,保障了参保企业安全生产管理水平和灾害事故处置与善后恢复生产的能力,彰显了保险在惠民生、促增长方面的重要作用。

让蒜商不再犯愁"出口钱打水漂"

金乡大蒜在国际市场上具有较强竞争力，全县大蒜产量的 80% 以上用于外销，出口 130 多个国家和地区。"从大蒜出口量的占比来看，山东为 60.9%，金乡为 46.3%，大蒜已经成为金乡蔬菜类创汇额最多的单项产品。"石涛向记者介绍，"据有关学者测算，农产品出口的经济贡献非常显著，我国每 1 万美元的农产品出口能创造近 28 个就业岗位，扩大农产品出口是增加农民收入、促进新农村建设、提高农业竞争力的重要途径。因此，我们把为金乡大蒜出口保驾护航作为一项光荣的政治任务，其落脚点就是积极稳妥地推进大蒜出口信用保险业务。"

随着大蒜出口量逐年增加，出口蒜商时刻面临应收账款的风险。石涛介绍："这主要是人为原因造成的商业信用风险和进口商因各种因素破产倒闭而无力偿还债务的风险。按照国际惯例，此类风险通常采用出口商购买信用保险的方式来解决，以小量保费规避大额损失。在金乡县，人保财险是唯一一家具备资质、可以开展政策性信用保险业务的企业。几年来，我们一直坚持在大蒜出口领域默默耕耘，就是为了一旦发生国外买方因破产而无力支付债务、买方拖欠货款、买方因自身原因而拒绝收货及付款等状况，启动人保财险履行责任、先行赔付、继而追偿的程序，保障出口蒜商的商业利益，保护金乡的出口创汇支柱产业发展。2016 年，公司为金乡蒜商提供的短期出口信用综合保险的保障金额达到 2.6 亿元。"

但是，人保财险金乡县支公司拓展出口信用综合保险的路子也不是一帆风顺的。记者了解到，由于我国农产品出口信用保险还处于起步阶段，诸多蒜商对该保险的认知程度相对较低，更由于金乡大蒜的出口市场还处在"小规模、大群体"的格局之中，大蒜出口的龙头企业少，组织化程度弱，加之投保人对保险费率较为敏感，对政策的倾斜和支持依赖度较高，造成了出口信用保险的发展壁垒。

面对种种不利因素，人保财险金乡县支公司在上级公司指导和支持下，采取多种方式积极拓展出口信用保险的内涵与外延。首先，利用韩国海关封关"退货"而对山东省兰陵县大蒜出口造成巨额损失的案例，对金乡出口蒜商进行风险教育，提高大家运用保险规避风险的意识。其次，配合政府相关部门参与设计运用出口信用保单实现融资贷款的方案，推动出口信用保险与出口融资业务的有机结合，在实际解决蒜商融资难的同时，扩大出口信用保险影响力。最后，借助政府职能的转变，呼吁设立农产品出口保险保障基金，建议按出口创汇的一定比例购买保险保障，把事后补救与事前防范相结合，防患于未然。

（文章刊载于 2017 年 9 月 15 日《中国保险报》，记者姚慧采写）

第五部分
服务实体经济

住宅地震保险这一年

《中国保险报》记者日前从中国城乡居民住宅地震巨灾保险共同体（以下简称住宅地震共同体）获悉，从2016年7月1日开始全国销售到2016年12月31日的半年时间里，中国城乡居民住宅地震巨灾保险（以下简称住宅地震保险）保单数量从零滚动到逾18万笔，保额亦累计达到180亿元。住宅地震保险的运行已逐渐步入正轨。

2016年，从制度落地到产品销售，再到平台上线，住宅地震保险为我国建立真正意义上的巨灾保险制度进行了勇敢的探索。

破局

2008年5月12日，是中国人心中挥之不去的伤痛，也是每一个保险人难解的心结。由于保险覆盖面不高，在汶川地震超过8400亿元的直接经济损失中，保险赔偿金不足20亿元。

尽管保险业在地震后迅速反应，参与救助，踊跃捐款，投资重建，但是如何建立更健全的巨灾风险覆盖体系和市场化风险转移方式，真正发挥保险为国民经济保驾护航的作用，也成为各界关注的焦点。

2014年8月，保险"新国十条"发布，"建立巨灾保险制度""制定巨灾保险法规"等要求与众多保险机制一起成为保险业服务国家治理体系与治理能力现代化的支点。在随后的政府工作报告中，"探索建立巨灾保险制度"也屡次被提及。这意味着，通过系统与制度性安排来防范并共同承担巨灾风险，已经上升为国家的顶层设计。

2016年5月12日，第8个全国防灾减灾日，由保监会、财政部联合印发的《建立城乡居民住宅地震巨灾保险制度实施方案》（以下简称《实施方案》）正式出台，标志着全国性的巨灾保险制度实现破局。

这一年距离唐山大地震刚好40年。

此前，住宅地震共同体已先于制度成立，由40余家直保公司和5家再保公司组成，执行机构为中国人民财产保险股份有限公司（以下简称人保财险）。住宅地震共同体最大的优势是能够整合行业的承保能力，从而保证巨灾保险实现广泛覆盖、有效保障。

同时，《实施方案》明确采取"政府推动、市场运作"模式，由政府负责制度设计、立法保障和政策支持，住宅地震共同体负责具体运作；在损失分担方面，基于"风险共担、分层负担"的原则，由住宅地震共同体、再保险公司、地震专项准备金、财政支持等逐层承担损失。

引水方知开源不易，真正意义上的全国性的巨灾保险制度终于实现从零到一的突破。

落地

2016年7月1日，我国第一款全国性的巨灾保险产品——住宅地震保险在全国开始销售。当天即有20家住宅地震共同体成员公司出单，生效保单数量超过1000笔，覆盖30个省级行政区约260个地市。

从制度出台到产品落地，中间只用了50天的时间。

在此期间，住宅地震共同体从零开始，完成了大量烦琐复杂的工作，包括产品条款、费率和单证开发与设计，制定区域风险累积测算和再保分层方案，改造开发成员公司核心系统等。

2016年6月18日，住宅地震共同体向中国保监会正式报备了产品条款。

在保险金额方面，产品结合我国居民住宅的总体结构、平均再建成本、灾后补偿救助水平等情况，按城乡有别确定保险金额。保险责任方面，涵盖4.7级、烈度Ⅵ度以上的地震及其次生灾害，能够保障主要地震灾害风险，符合巨灾保险的应有内涵。保险费率方面，按照地区风险高低、建筑结构等因素差异化设定，努力以较低的价格投放市场，普遍低于国际同类产品、地方试点产品费率水平。在保险理赔方面，参照国家地震局、民政部破坏等级标准，将实际损失和赔偿责任确定为三档，分档理赔。

运行

2016年12月26日，住宅地震共同体运营平台在上海保险交易所正式上线。这是国内第一个巨灾保险经营平台，也是首个全行业集中出单的共保平台。

搭建统一运营平台、开发标准化产品是《实施方案》中的明确要求，有利于建立统一承保理赔标准，共同应对地震灾害，集中积累和管理数据信息。

事实上，在《实施方案》印发初期，住宅地震共同体确立了制度实施的两个阶段：产品出单和运营平台建设。当2016年7月1日地震巨灾保险产品全面销售后，建设统一运营平台就成了首要任务。

由于住宅地震共同体涉及保险主体众多，平台建设面临着电子保单、电子印章、专用资金账户等前所未有的问题。

为此，住宅地震共同体与上海保险交易所合作，明确平台的基本架构、功能模块和运营流程，创新性地提出了解决方案。在不到半年的时间里，双方即完成了承保核保、清分结算、单证管理等模块设计开发，并协调完成了专线连通、印章授权等专业工作，具备了全国范围上线出单的各项条件。

住宅地震共同体运营平台启动后两周时间内，已有21家成员公司在平台出单。自此，无论投保人在哪座城市、哪个保险机构购买住宅地震保险，包括购买、出单、理赔等环节在内的全部流程都将由运营平台在后端统一操作。

未来

住宅地震保险业务的开展，为探索建立多灾因、综合性的巨灾保险制度提供了实践基础。

2017年1月12日召开的全国保险监管工作会议提出，推进《地震巨灾保险条例》立法是2017年完善监管法规中的一项重要任务。

1月13日，中共中央、国务院印发了《关于推进防灾减灾救灾体制机制改革的意见》，明确提到"坚持政府推动、市场运作原则，强化保险等市场机制在风险防范、损失补偿、恢复重建等方面的积极作用，不断扩大保险覆盖面，完善应对灾害的金融支持体系"，要求"加快巨灾保险制度建设，逐步形成财政支持下的多层次巨灾风险分散机制。统筹考虑现实需要和长远规划，建立健全城乡居民住宅地震巨灾保险制度。鼓励各地结合灾害风险特点，探索巨灾风险有效保障模式。"

无疑，建立巨灾保险制度已是社会共识，政策环境和运营条件正不断成熟。在财政等支持政策尚未明确的情况下，保险业能否担此重任，成为巨灾保险制度建设的关键。

单从住宅地震保险而言，作为承保主体的住宅地震共同体，面临着最大的考验。

"接下来,我们将从产品和服务两方面进一步完善巨灾保险业务。"住宅地震共同体大会主席、人保财险执行副总裁降彩石说，一方面尝试延长保险期限，扩展保险标的和灾因；另一方面，丰富住宅地震共同体运营平台的功能性，与政府部门、研究机构对接，以海量的数据积累推动巨灾风险管理水平的提升。

目前，河北、四川等地区的区域地震巨灾保险试点即将纳入运营平台集中运营，全国范围的跨区、跨期保费积累和损失分担正逐步实现。

不可否认，由于"先起步，后完善"的发展模式，住宅地震保险与住宅地震共同体仍需应对相当多的挑战：巨灾保险相关财税政策尚不明确；专项准备金和财政支持分层机制有待建立；运营平台理赔、再保等模块还未开发……这些困难及挑战，有的需要监管及政策层面给予支持，有的需要围绕《实施方案》，优化创新机制，在发展过程中不断完善，有的则需要共同体内部统一认识、步调一致予以推进。

全国性的巨灾保险制度已迈出第一步。"地震"已有了保险，"台风""洪涝"保险还会远吗？

（文章刊载于 2017 年 2 月 16 日《中国保险报》，记者张爽采写）

Boost Poverty Crucial
Insurance on the Road

助推脱贫攻坚·保险在路上

坚守塞罕坝的保险人

只有亲眼看到这片占地110多万亩的林海，才能真正感受到塞罕坝的震撼。远望中的郁郁苍苍，夕阳下的层林尽染，书写着几代林场人坚韧不拔的斗志和永不言败的担当。

创业不易，守业更难。当纤细的树苗被一株株栽到砂石、裸岩和泥土之中，当这些树苗在年仅两个月的无霜期中奋力生长，还有一些人在默默守护着它们。

如果说塞罕坝林场的拓荒者拥有的是激情与果敢，那么赋予林场守业者的使命则是坚守与付出。

他们不仅包括瞭望员、护林员、巡道员这些真正的林场人，还有以自己的方式牵挂并守护这片森林的保险人。

守望

见到刘军和齐淑艳的时候，夫妇二人刚从中央电视台某个节目的录制现场赶回塞罕坝。

为了守护这片凝结着几代林场人心血的绿色，林场在9个地理位置的制高点建起了9座望海楼，日夜监测着林场的火情。刘军和齐淑艳就是其中一对夫妻瞭望员。

从2017年夏天开始，夫妻俩已经接待了不知多少媒体，但每一次他们都会耐心地讲述着相同的故事。"看见有这么多人来，还能和我们聊聊天，打心里高兴。"身材丰满的齐淑艳总是笑着回答来访者的所有问题。

而在平时的日子里，除了与一部电话、一个望远镜为伴，每天的生活就是监测着他们瞭望范围内的林场，每15分钟在瞭望报告日记中做一次记录，这样的日子一过就是11年。

塞罕坝机械林场阴河分场副场长刘志杰说："常有客人来到这里后，表示很羡慕瞭望员每日与森林为伴，其实只要让他们坚持一个月，保证就受不了了。"

刘军记得，刚到望海楼值守的时候，路还没有修通，外面送来的食物、水等生活用品只能被放到十几里外的路口，两个人再轮流把东西背回来，往往是上午东西送到，到了晚上才能背回来。

3年前，楼里终于通了电，有了暖气，生活质量才得以改善。

刘军说，与父亲那一代林场人比，他们已经很知足了。刘军的父亲刘海云，是20世纪60年代末的瞭望员，那时的望海楼还是用泥土、木杆和草苫搭成的瞭望房舍。但刘军从未听过父亲抱怨。

正是因为这些"火眼金睛"的坚守，塞罕坝林场建场55年来，110多万亩的土地上没有发生过一次森林火灾。

如今，塞罕坝机械林场已经建立起地面巡护、人工瞭望、视频监控、卫星监测、公众预警和专业扑火队伍相结合的全方位立体防控体系。"可能哪一天就不需要我们这些瞭望员了，但只要林场需要，我们就一直在这里守着。"齐淑艳说。

牵挂

人灾可以防，天灾却难以对抗。

1977年10月，塞罕坝林场遭遇了罕见的雨凇灾害，20万亩树木一夜之间被压弯、压折，一棵树最重结冰达到250多公斤，十多年的造林成果损失过半。3年后，一场百年不遇的大旱，又导致12万亩落叶松被旱死。除了这两次重大灾害之外，塞罕坝每年要经历的冻灾、风灾、虫害、鼠害也是接连不断。

"都说十年树木，其实一棵树苗长到50厘米高就需要七八年的时间。有时候看着长了几十年、已经到碗口粗细的树就那么死了，别说是林场的人，就是我们这些整天和他们打交道的外人，心里都难受。"人保财险河北围场满族蒙古族自治县支公司（以下简称人保财险围场县支公司）副经理陈彦奎说。

自从人保财险围场县支公司于2013年承保塞罕坝机械林场森林综合保险以来，陈彦奎每隔一段时间就要驱车110多公里深入林区查勘定损，常常独自一人身兼司机、查勘员、理赔员数职。"每年四五月查鼠害，六月查冻害，八九月是暴雨、冰雹、龙卷风，一年中总也不闲着。"

森林杂草丛生，车辆无法行驶。为了确定损失面积的准确度，陈彦奎经常需要徒步行走于受损林地的交叉地带，行走于山涧沟壑中，拿着照相机穿梭于树木之间，一棵一棵仔细查看。

陈彦奎说，之所以看得仔细，是希望在保险责任范围内能多赔付一些，"不做到应赔尽赔，人家怎么知道保险好呢？"

从2013年至今，人保财险围场县支公司承保的塞罕坝机械林场森林综合保险，累计发生赔款786.3万元。

"原来出了灾害都是我们自己承担，这对林场来说压力不小。有了森林保险之后，感觉踏实多了，否则一到冰雪季节就提心吊胆。"塞罕坝机械林场林业科科长李永东说，"现在，老陈是林场各个分场的座上宾，看见他就知道有人来给赔钱了。"

虽然已过了耳顺之年，但侦察兵出身的陈彦奎身体仍然很硬朗。"如果公司不要求我退休，真想再干几年，心里总是惦记着这些树。"他说。

传承

让陈彦奎挂念的不只是这些不断成长的林木,还有谁来接替他的问题。

虽然只做了4年的森林保险业务,陈彦奎已经成了半个林业专家。每个林区的主要树种有哪些,造成虫害、鼠害的动物种类,哪个地区容易积雪过多……他讲得头头是道。

大约3年前,人保财险围场县支公司给陈彦奎派了两个年轻人协助工作。共事了一段时间之后,他发现,两个年轻人肯努力,但是农业知识欠缺,"连马和驴都分不清,更别提樟子松和落叶松的区别了"。尽管他力图在工作中把自己的全部经验传授给年轻人,但这似乎不是一朝一夕就能完成的。

同样担忧的还有阴河分场的副场长刘志杰。按照标准,2000亩林区就应该配备1个护林员,但现实情况是,1个护林员要负责7000~8000亩林地。比如阴河分场的一个营林区,林地面积3万亩,只有3个护林员,其中两位是临时职工,一位正式职工今年已经50多岁。"人员不足的现象一直都存在,近几年随着退休人员的增多,人力缺口越发明显。"刘志杰说。

"总场每年也都会有新招聘进来的职工,但是在基层锻炼一段时间之后,就会回到机关。"刘志杰说,"而且这些新职工基本都是大学毕业,学历高、素质高,让他们每天骑着摩托车巡护林场恐怕也是一种人才浪费吧。"

不同于父辈,随着交通和通信的便利,越来越多的林场子弟走出这片土地,见识到外面的世界,便再难返回了。

"像陈经理那一代人,无论做什么工作,是只求付出不问回报的。"闫志勇是人保财险围场县支公司农险部经理,也是陈彦奎现在带的两个"徒弟"之一。接触了一段时间农险工作之后,他深感坚守这份责任的不易。

的确,塞罕坝机械林场留给后人的应该不仅仅是每年为京津地区输送的1.37亿立方米净水和55万吨氧气,更是"艰苦创业,绿色发展"的塞罕坝精神。只是这种精神将由谁来传承下去,还需要时间给出答案。

(文章刊载于2017年10月10日《中国保险报》,

记者张爽采写,史方舟摄影)

第五部分
服务实体经济

河北人保财险满族蒙古族自治县支公司副经理陈彦奎（左五）正在塞罕坝林场现场查勘

夫妻瞭望员刘军和齐淑艳在坚守了11年的望海楼外

林场护林员正在现场劳作

林场工作人员向人保财险围场县支公司副经理陈彦奎展示受损树木

林场工作人员正在修剪树木

林场工作人员记录已伐树木的树龄

第五部分
服务实体经济

刘军和齐淑艳在望海楼附近的树林中

正在劳作的林场工作人员

防火在林场是头等大事,塞罕坝林场的公路边每隔几百米就有工作人员举着防火旗

151